KB144918

사회정의 교육으로의 초대

사회정의 교육자의 경험을 중심으로

Narratives of Social Justice Educators: Standing Firm

사회정의 교육으로의 초대

사회정의 교육자의 경험을 중심으로

셜리 음데드와-소머즈 지음
임은미 · 김지영 · 강혜정 옮김

사회평론아카데미

사회정의 교육으로의 초대

사회정의 교육자의 경험을 중심으로
Narratives of Social Justice Educators: Standing Firm

2019년 6월 17일 초판 1쇄 인쇄
2019년 6월 25일 초판 1쇄 발행

지은이 셜리 음데드와-소머즈
옮긴이 임은미·김지영·강혜정
펴낸이 윤철호
펴낸곳 (주)사회평론아카데미

책임편집 임현규
편집 고하영·이선희·고인욱·장원정·정세민·김다솜·김혜림
디자인 김진운
마케팅 최민규

등록번호 2013-000247(2013년 8월 23일)
전화 02-2191-1128
팩스 02-326-1626
주소 03798 서울특별시 마포구 월드컵북로12길 17
이메일 academy@sapyoung.com
주소 www.sapyoung.com
ISBN 979-11-89946-19-7

*일러두기
 1. 저자 주는 '원주'로 표기돼 있습니다.
 2. 별도 표기가 없는 모든 주석은 역자 주입니다.

역자 서문

이 시대를 살아가는 우리는 기득권의 의견에 반하는 정치적 견해를 신변의 위험 없이 자유롭게 말할 수 있다. 자유로운 의견을 인터넷과 모바일 통신으로 지구촌 곳곳에 전달할 수 있다. 그래서인지 많은 사람들이 우리 사회에서 평등과 정의가 실현되었다고 생각하고 자신과 이웃이 경험하는 고통이 특권, 억압, 차별 등의 사회체계적 요인으로 인한 것임을 쉽게 잊어버린다.

이 책은 우리의 무뎌진 감수성을 일깨워준다. 이를 위해 열한 명의 탁월한 사회정의 교육자들이 어떻게 사회의 억압과 차별 관행을 경험하게 되었는지, 그것들을 드러내고 변화를 지향하기 위해 노력하게 된 계기는 무엇이었는지, 사회정의 교육자로 성장하여 실천에 옮기기까지 어떤 도움들을 받았는지를 그들 자신의 목소리를 통해 알려준다. 저자는 정의로운 사회로 변화하는 과정에서 구성원의 상호작용과 잠재력 개발을 막고 있는 특권·억압·차별을 인식하고, 드러내어, 도전하는 것이 필요하다고 촉구하고 있다.

열한 명의 내러티브에 의하면 사회정의 교육자는 선천적으로 그렇게 태어난 것도 성인(聖人)의 반열에 드는 사람들도 아니다. 어린 시절부터 가족·또래·교사·교수·동료들의 끊임없는 영향을 받으면서 비판의식을 키우고, 그것을 개선하기 위해 가능한 작은 행동부터 실천에 옮겼을 뿐이었다. 또한 사회정의 교육자는 완성된 상태로 존재하는 것이 아니라 그곳을 향해 성장해 가는 사람이다. 본문의 내러티브에 드러나 있듯이 이들 또한 자기도 모르게 내사된 억압과 차별적 논리의 한계에 붙잡힌 생각과 행동을 한다. 그럼에도 불구하고 열한 명이 진솔하게 내놓는 이야기 속에서 우리는 사회정의 교육자로 성장하기 위해 무엇을 해야하는지를 볼 수 있다.

사회정의 교육은 선택된 소수를 위한 것이 아니라 모두를 위한 것이며, 불편하더라도 억압적 관행과 정책을 드러내는 작은 행동이 습관이 될 때 가능해진다. 학생들을 이해하기 어려울 때, 그것을 학급 통제의 장애로 여기지 말고 사회정의로 가는 학습을 가능하게 하는 가교로 받아들여 활용해야 한다. 누군가의 특권을 박탈하여 어떤 사람에게 특권을 주는 것에 과감하게 저항해야 하고, 사람을 비인간화하지 말아야 한다. 그러기 위해 무엇보다 먼저 스스로의 편견에 솔직해져야 하고 또한 스스로를 돌봐야 한다. 자신과 소중한 사람을 돌보고, 그러한 돌봄을 소외된 사람들에게 확대하는 것 또한 사회정의 교육을 실천하는 방법이라고 알려준다. 사회정의적으로 성장하는 교사와 충분히 접촉하며 성장한 학생들이 성인이 되면 후세대를 또한 그렇게 대하며 우리 사회의 보다 많은 사람이 사회정의 교육에 동참할 수 있게 될 것이다. 열한 명의 사회정의 교육자들은 평범한 사람들이 어렵사리 사회정의를 향해 더듬어 찾아가는 여정에서, 스스로 깨닫지 못한 특권·억압·차별을 만나 서로 상처를 입을 수밖에 없을지라도, 오늘 한 걸음을 용기 있고 확고하게 옮겨보라고 강력히 초대한다.

사회정의 교육자들이 들려주는 작지만 의미 있는 깨달음과 실천을 만났던 흥분을 독자들과 함께하고 싶어서 이 책을 번역하기로 결심하였다. 막상 번역을 진행하다 보니 우리에게는 낯선 미국 문화와 사회의 이야기가 많아서 문장을 정확하게 이해하여 옮기는 것이 매우 어려웠다. 역자들의 언어적 한계로 인하여 원래 저서가 지닌 실천적 맥락들이 충분히 전달되지 않을까 염려되는 마음이 들었다. 우리나라 독자에게 익숙하지 않을 것 같은 사건들이나 제도가 나오면 역자 주를 추가하면서 공부하는 심정으로 열심히 번역하였다. 사회정의라는 아름다운 철학에 동참하기 위해 어떻게 행동해야 할지 전혀 모르는 채, 더 나아가 우리 자신이 사회정의 교육이라는 말을 입에 담을 수 있는 자격이 있는 사람들인지에 대한 확신이 없을 때, 이 책을 통해 받았던 용기와 영감을 독자들과 함께 공유하고 싶은 마음은 처음 그대로이다. 역자들에게 그러했듯이 사회정의를 위한 첫 걸음을 고민하고 있는 교사나 상담자들에게 이 책은 훌륭한 마중물이 되어 주리라 기대한다.

　　끝으로 번역과 출판을 허락해 주신 사회평론 윤철호 대표님, 번역이 진행되는 동안 활발한 의사소통을 맡아 주시고 편집이 아름답게 이뤄지도록 오랜 시간 힘써 주신 임현규 선생님께 다시 한 번 감사를 전한다.

2019년 6월
역자 임은미 · 김지영 · 강혜정

저자 서문

줄루어(IsiZulu) 중 "umuntu ngumuntu ngabantu"의 의미는 "우리가 존재하므로 나는 존재한다. 즉, 다른 사람이 있기에 내가 인간이 된다."는 것이다. 나를 둘러싼 사람들로 인해 내가 이 책의 저자가 될 수 있었다. 만약 나를 지지하는 다른 사람들이 존재하지 않았더라면 이 책은 존재하지 않을 것이다. 그리하여 맨 먼저 이 연구에 참여한 비벌리 다니엘 타텀(Beverly Daniel Tatum), 소니아 니에토(Sonia Nieto), 케빈 쿠마시로(Kevin Kumashiro), 발레리 오오카 팡(Valerie Ooka Pang), 게일 카넬라(Gaille Canella), 크리스틴 슬리터(Christine Sleeter), 테레지타 아귈라(Teresita Aguilar), 줄리 안드르제쥬스키(Julie Andrzejewski), 노마 베일리(Norma Bailey), 켄트 코펠만(Kent Koppelman), 캐시 포한(Cathy Pohan)에게 감사드리고 싶다. 사회정의를 왜 가르쳐야 하는지에 대해 기록하고자 한 나의 목표를 믿어준 그들에게 나는 영원히 빚을 지게 되었다. 참여자 모두 사회정의 교육 현장에서 최고 중의 최고(the creme de la creme)임에도 불구하고 장차 사회정의 교육자가 되려는 사람이 실시하는 연구에 참여하는 것을 주저하지 않았다. 그들은 연구에서 균형 잡힌 관점을 갖기 위해 "조사하는" 것이 왜 중요한지를 이해하였고, 사회정의 교육을 하는 이유에 대해 기록하는 것이 다른 사람을 같은 일에 참여하도록 고무시키는 방법이 될 수 있음을 이해해 주었다.

다음으로 나는 두려움 없이 이 연구에 착수할 수 있도록 격려해 준 톨레도 대학의 르네 마틴(Renee Martin), 린 해머(Lynne Hamer), 헬렌 쿡스(Helen Cooks) 박사에게 감사드리고 싶다. 마지막으로, 항상 사회정의 교육에 참여하는 기쁨과 도전을 공유하고 이해해 준 나의 가족에게 감사를 전한다.

셜리 음데드와-소머즈

차례

1장

서론

개요

이 장은 다음의 질문에 대답한다. 우리에게 사회정의 교육자들의 내러티브를 다룬 이 책이 필요한 이유는 무엇인가? 교육 분야가 자본주의적 의제들에 의해 장악되었을 때, 어떻게 이 책이 사회정의 교육의 의제를 추진하는 데 도움이 될 수 있는가? 이 장에서는 연구에 참여한 사회정의 교육자들을 소개하고 그들을 연구 참여자로 선정한 이유를 설명한다.

핵심 용어

내러티브 방법, 내러티브, 사회정의 교육자, 생애사, 교육이 책은 사회정의 교육자들에 대한 광범위한 연구에서 추출되었다. 무엇이 학자들로 하여금 사회정의 교육을 하도록 하는가? 이 책에서는 사회정의 교육자들이 사회정의 교육에 헌신하게 된 이유를 설명하는 개인적 경험과 전문적 경험들을 확인하기 위해 그들의 생애사를 점검한다. 이 연구의 참여자들은 교육 분야의 억압적 정책과 관행을 드러내고 변화시키고자 펴낸 출판물과 활동들을 참고하여 선정되었다. 열한 명의 탁월한 사회정의 교육자들이 선정되었는데, 비벌리 다니엘 타텀(Beverly Daniel Tatum), 소니아 니에토(Sonia Nieto), 케빈 쿠마시로(Kevin Kumashiro), 발레리 오오카 팡(Valerie Ooka Pang), 게일 카넬라(Gaille Canella), 크리스틴 슬리터(Christine Sleeter), 테레지타 아귈라(Teresita Aguilar), 줄리 안드르제쥬스키(Julie Andrzejewski), 노마 베일리(Norma Bailey), 켄트 코펠만(Kent Koppelman), 그리고 캐시 포한(Cathy Pohan)이 그들이다. 면접, 출간된 간행물, 미출간 전기 문서를 분석하여 자료로 사용하였다.

이 책에서는 교육자들이 사회정의 교육에 참여하도록 한 개인적 경험과 전문적 경험을 탐색한다. 개인적 경험은 가족과 사회적 경험을 의미하고, 전문적 경험은 교육과 직업적 경험을 말한다. "자신의 목소리의 힘으로 자신의 이야기를 하고, 자유를 향한 자신의 의지를 이뤄낸(Pagano, 1990, p. 2)" 경험들을 드러내는 점이 특징적이다. 자신의 경험에 대하여 토론하면서, 교육자들은 자신에게 실천하도록 알려주고 실행에 옮기도록 한 것이 무엇이었는가에 대하여 성찰하였다.

이 책의 제목인 '확고한 입장 세우기(*standing firm*)'[1] 는 사회정의와 인권을 지키는 것보다 기업의 이익과 자본 축적이 우선시되는 자본주의가 이끌어가는 오늘날의 지역사회 및 세계 환경에서 중요한 방향을 제시한다.

....

1   이 책의 원제는 'Narratives of Social Justice Educators: Standing Firm' 이다.

많은 사람들은 사회정의는 이미 실현되었기 때문에 사회정의에 관한 논의는 과거사라고 믿는다. 특히 20세기는 미국 사회가 보다 평등하게 된 시기라고 주장하는 사람들에게는 더욱 그렇다. 어떤 사람들은 백인 여성 선거권 부여, 학교의 인종차별 폐지, 1964년 시민인권법, 1965년 선거법, 1965년 차별철폐조치 등이 사회정의를 향한 성과였다고 주장한다. 그러나 20세기의 위대한 진보처럼 보이는 것들을 자세히 들여다보면 평등은 별로 실현되지 않았다. 솔직히 미국은 국가적으로 억압을 허용해 왔던 짐 크로법[2]과 반여성법들 같은 법으로부터 벗어나 크게 발전해 왔다는 것을 인정한다. 그렇지만 21세기인 지금도 빈곤층에 유색인들이 불균형하게 많다. 백인 미국인들의 실업률은 6.3%인데 비해 아프리카계 미국인의 실업률은 14%, 라틴계 미국인의 실업률은 거의 10%에 이르고 있다(Austin, 2013). 아프리카계 미국인과 라틴계 미국인 아이들은 그들 또래의 백인 아이들보다 가난하게 살 가능성이 두 배 이상 높다. 고등교육 입학에 적용되는 적극적 우대조치(affirmative action)[3]는 "간신히 지탱되고 있으며"(Orfield, 2013, p. 179), 그것의 타당성이 의문시되고 있다. 예를 들어 그루터 대 볼린저(*Grutter v. Bollinger*) 연방대법원 판결[4](2007)과 피셔 대 텍사스대학(*Fisher v. University of Texas*) 연방대법원 판결[5](2011)과 같은 사례는 고등

....

2 짐 크로 법(Jim Crow Law)은 공공시설에서 백인과 유색인종을 분리하는 것을 골자로 하는 법이다. 미국의 남부 11개 주에서 1876년부터 1965년까지 시행되었다.

3 적극적 우대조치(affirmative action)는 고등교육 입학에서의 인종차별을 없애기 위해 입학생 중 일정 비율 이상을 유색인에게 할당하도록 한 조치다.

4 대학들이 소수 인종을 입학 사정 과정에서 우대하는 것을 주 정부가 합헌적으로 금지할 수 있다고 미국 연방대법원이 2014년 4월에 내린 판결이다.

5 백인 여학생인 애비게일 피셔가 고등교육에서 소수 인종의 입학을 적극적으로 우대하는 정책으로 인해 백인이 역차별을 받아 텍사스 대학에 입학하지 못했다는 소송을 제기한 것을 계기로, 연방대법원은 고등 교육 입학에서 소수 인종에 대한 우대정책들에 대하여 여러 차례 재심의를 한 끝에 주별로 자율적으로 결정할 수 있도록 판결하였다.

교육 입학정책에서 차별을 철폐하는 것에 대한 적법성 문제를 제기하고 있다. 여전히 고등교육 기관에서 유색인들은 소수에 불과하다. 유치원에서 고등학교(K-12)까지의 학교를 인종적으로 통합하려는 시도는 시애틀과 같은 도시에서 위협받고 있다. 시애틀에서 인종차별 철폐를 위한 강제통학버스 운행을 반대하며 제기된 소송에 대한 2007년 판례(*Parents Involved in Community Schools vs. Seattle School District No. 1*)가 그 예이다. 새천년의 시기에 놀라운 속도로 학교에 인종분리가 다시 등장하고 있으며, 그에 따르는 불평등에 직면하고 있는 것으로 보인다(Fasching-Varner, 2012).

여성의 성장과 평등에 대한 그림 또한 어느 정도 환상에 머물러 있다. 솔직히 타이틀 나인[6] 그리고 시민인권법[7]과 같은 20세기 법안들은 학교 안팎의 모든 여성들의 삶에 큰 변화를 가져왔다. 그러나 여성들 대부분이 가정 밖에서 일하는데도 불구하고, 남성의 80%밖에 벌지 못하며, 아시아계와 라틴계 미국인 여성들은 그보다 더 적게 번다(Knowledge Center, 2013). 맥라렌(McLaren, 1995)이 포스트모던 리터러시라 불렀던 지식이 범람하면서, 성 평등에 대한 지식을 텔레비전, 잡지, 인터넷 등을 통해 얻을 수 있게 되었다. 1920년대에 생물학적 성 평등이 이루어졌다는 신념이 퍼져 있었고, 그로 인해 오늘날에는 성 및 성 역할 기반 불평등이 오히려 정상적인 현상으로 받아들여지고 있다. 임금과 지위에서의 불평등, 그리고 여성의 업무에 대한 가치절하는 여성이 직장에서 자신을 드러내고 주장하는 데 있어서 무능력하기 때문이라고 귀인되고 있는 것이다(Sandberg,

6   타이틀 나인(Title IX)은 1972년 교육 수정안의 일부로 통과된 미국의 연방 민권법으로서, 미국 내에서는 성별에 근거하여 연방 재정 지원을 받는 교육 프로그램이나 활동에 참여하지 못하거나 혜택을 거부당하거나 차별을 당하지 않을 것을 명시하고 있다.
7   시민인권법(Civil Rights Act)은 인종·피부색·종교·출신국가에 따른 차별을 철폐할 목적으로 제정된 연방법이다.

2013). 희생자를 비난하는 담론은 유색인 여성들의 대다수가 가난하게 살아가는 현실을 합리화하는 데 사용된다. 그 담론과 포스트모던 리터러시에서는 학교 같은 기관이 어떻게 여성과 유색인을 경시하는 데 기여하느냐에 대한 것이 생략되어 있다. 이러한 담론들은 20세기에 만들어진 변화들이 지속되고 있으며, 그 사회가 사회정의라는 민주주의 이상을 향해 계속 나아가고 있다는 생각을 굳히기 위해 사회정의에 대한 요구, 특히 사회정의 교육에 대한 요구를 간과하고 있다.

나는 교육자와 학생이 사회정의 교육자의 내러티브로부터 자신의 경험이 어떻게 직업 선택과 관련되는지를 좀 더 이해할 수 있기를 바란다. 교육자가 사회정의를 가르치도록 이끄는 것이 무엇인지를 알고 이해하는 것은 예비교사, 현직교사, 그리고 다른 교사들이 사회정의를 가르치도록 고무시킬 것이다. 마틴과 반 군텐(Martin & Van Gunten, 2002)은 예비교사들이 "변화의 주체로 행동하는 역할 모델을 보기 어렵다. 그래서 예비교사들은 교사들 중 누군가가 변화를 일으킬 수 있다고 믿지 못하며, 교사들이 사회적 옹호역할을 할 수 있다고 생각하지 못하게 되었다."(p. 25)고 주장한다. 그래서 이 책을 통해 사회정의 교육에 참여하고자 하는 교사와 교육자들에게 희망을 주고 역할모델을 제시하고자 한다. 사회정의를 가르치는 교사들의 이야기를 읽은 사람들은 자신의 지역사회와 직장에서 불평등을 감소시키는 방향으로 노력하게 될 것이다. 교육자들이 사회정의를 위해 일하는 이유가 무엇인지를 알게 되면, 아직 확인되지 않아 이름을 찾지 못한 측면들을 이해하고 구체적으로 가르칠 수 있게 될 것이다. "밝혀지지 않은 측면들"을 교육과정에 통합하여 사회정의를 위한 옹호자가 되어야 할 이유와 방법에 대해 가르칠 수 있다. 나는 이 책에 등장하는 사회정의 교육자들의 내러티브가 (a) 학생들에게 성공적으로 사회정의 이슈들을 가르치는 방법에 대한 교훈과 지침을 제공하며, (b) 사회정의 교육을 약화시키는 신자유주의적 정책들 속에서도 사회정의를 위한 '확고한 입장'을 유지하도록 희망을 주입할 수 있기를 바란다.

지금까지 초중등학교 교사들에 대한 연구는 많이 이루어졌지만(Johnson & Golombek, 2002; Ladson-Billings, 2009; Rios, 1996; Weiler, 1988), 중등교육 이후의 과정을 가르치는 교육자들의 개인적 경험, 그리고 이러한 경험이 사회정의 이슈를 가르치고자 하는 의지에 어떠한 영향을 미쳤는지에 대한 연구는 거의 없다. 반면 교수들의 내러티브에 대한 연구는 매우 많다(Fries-Britt & Turner Kelly, 2005; Johnson-Bailey & Lee, 2005; Vargas, 2002). 그 책들은 주로 학계에서 유색인 여성과 그들의 경험에 대한 내러티브를 다룬다. 마헤어와 테트리올트(Maher & Tetreault, 1994)의 연구는 유색인 교수들의 내러티브를 다루고 있다. 이 연구는 참여자 개인의 인권을 중요히게 다루었지만, 사회정의 교육자가 되는 데 영향을 미친 개인의 삶을 직접 다루지는 않았다. 이 책은 사회정의에 대한 교육자의 경험을 다룸으로써 다른 관점을 제공한다. 즉 바릿(Barritt, 1986)이 썼던, "잊히고 간과된 경험들"(p. 20)에 대한 알아차림을 높여주고, 사람들의 이념적 틀을 만들어 낸 경험들이다. 밀러 등(Miller et al., 1998)에 의하면 우리에게 내러티브와 이야기들은 대부분 자연스럽게 받아들여진다. 즉, 일방향적이고, 완전히 의식되며, 모순이 없다고 받아들여지는 정체성으로 인해 그들의 경험이 명백하고 선형적인 '현실'로 받아들여진다(p. 150). 다시 말해 교사의 경험들은 자연스럽고, 인간의 실존에 모순 없이 일관된 것으로 묘사되어 왔다. 이 책은 사회정의 교육자들의 내러티브에 있는 모순들을 드러내 준다. 사회정의를 기술하고 가르치는 교사들의 이야기가 문화적, 역사적, 정치적인 맥락에서 모순과 긴장으로 가득 차 있음을 보여준다(Bloom 1998; Lather 1991).

이 책은 비권력층이며 많이 연구되어 온 사람들과 권력층이며 덜 연구된 사람들에 대한 연구가 균형을 이루도록 하였다는 데 의의가 있다. 힘 있는 지위를 지닌 사람과 그렇지 않은 사람에 대하여 균형 있게 연구하는 것은, 힘 있는 지위에 있지 않은 사람뿐만 아니라 힘 있는 지위에 있는 사람들에 대해서도 면밀한 탐구가 이루어지기 때문에 민주적 연구에 더 가까이 가는 데 도움이 된다. 이 책은 인터뷰에 잘 선발되지 않는 집단으로 초점을 돌려서 연구가 균형을 맞추어 이뤄지도록 하고 있다. 그들은 또한 사람에 대한 연구를 수행하고 사람들이 자신의 삶을 개방하도록 촉구하는 사람들이다.

이 책의 기반이 된 연구의 주요 목표는 개인적이고 전문적인 경험들이 사회정의 교육에 참여하려는 참여자의 결정에 어떤 영향을 미쳤는가를 탐색하는 것이다. 개인적 경험에는 가족과 사회적 경험이 포함되고, 전문적 경험에는 교육과 직업적 경험이 포함된다. 이러한 경험을 드러내는 것은 교육에 내재하는 민주적 이상과 일관된다. "자기 목소리의 힘으로 자신의 이야기를 하는 것이며, 자유를 향한 자신의 의향을 이뤄내는 것이기 때문이다"(Pagano, 1990, p. 2). 『교육: 개인적 현실에 대한 질문(Teaching: The Question of Personal Reality)』에서 그린(Greene, 1979)은 내러티브 방법론 사용의 중요성을 강조하였다.

> 과거를 돌아보고, 그들의 이야기를 되새김으로써, 교사들은 사회적 세계에 대한 자신의 관점을 회복할 수 있다. 자신의 삶의 이야기를 해석하기 위해 노력하면서, 교육 현실을 바라보는 자신의 관점을 확장할 수 있다; 그들은 넓어진 관심과 풍부한 현실감에 비추어 자신을 새롭게 선택할 수 있다(p. 33).

내러티브 방법론을 사용하면 여러 목적을 이룰 수 있다. 이러한 목적에는 정체성 구성, 교육 촉진, 삶에 대한 이해, 그리고 사물이 자신을 드러내는 기본적인 방식을 이해하는 것 등이 해당된다(Mitchell and Egudo, 2003). 나는 이 책이 사회정의 교육자들이 자신의 정체성을 어떻게 구성하는지 보여주고, 그들의 내러티브가 그들의 삶에 대한 우리의 학습을 도울 뿐 아니라 우리, 학생, 교사와 교육자들이 자신의 내러티브를 이해하며 세상을 보는 방식에 어떻게 색을 입히는지에 대하여 성찰하고 이해하는 데 도움이 되기를 바란다. 마틴과 반 군텐(2002)은 예비교사들이 사회정의 교육의 역할모델을 좀처럼 만나기 어렵다고 하였다. 그래서 이 책은 사회변화에 참여하려는 교사와 교육자들에게 희망과 역할모델을 주고자 한다. 사회정의 교육자들의 이야기를 읽는 사람들은 자신의 지역사회와 직장에 있는 불평등 해소를 위해 노력하도록 자극 받을 수 있다(Bell, 2010).

이 책은 다음과 같이 구성되었다. 2장은 사회정의 교육의 정의와 사회정의와 관련된 이론들을 정리한다. 3장은 이 연구에 참여하는 사회정의 교육자들을 상세히 소개한다. 이 작업은 그들이 왜 이 연구의 참여자로 선발되었는지를 설명할 것이다. 또한 참여자들이 사회정의 교육에 참여하도록 이끈 다양한 경로들을 조명하고, 사회정의 교육에 대한 그들의 공헌들을 알려줄 것이다. 4장은 참여자들의 개인적 영향을 진술하면서 가족구성원 및 또래들과의 상호작용이 사회정의 교육자로서의 정체성을 형성하는데 어떤 공헌을 하였는지를 설명할 것이다. 덧붙여 4장에서는 다양한 인종, 성, 그리고 성 정체성이 전문직을 준비하는 데 어떻게 작용하였는지를 검토할 것이다. 이러한 작업은 5장을 위한 기초 작업이기도 하다. 5장은 사회정의 교육자들이 사회정의 작업에 참여하는데 위치성(positionality)이 어떤 영향을 미쳤는지를 알아보는 기회를 제공할 것이다. 6장은 참여자들의 전문적인 삶이 그들이 사회정의 교육을 하는 데 어떤 영향을 미쳤는지 보여줄 것이다. 교육자들은 교사와 교수들이 자신에게 미친 개인적인 영향 및 사회정의 교육에 대한 그들의 희망에 불을 붙인 구체적인 교육과정과 책들을 접했던 교육경험에 대하여 이야기한다. 7장은 사회정의 교육의 발전에 대한 세계, 사회, 역사의 영향을 탐색한다. 이 장은 사회정의 교육자들이 교육자로서의 자신의 역할을 숙고하고, 직업을 통해 사회정의 활동에 참여하는 것의 중요성에 대하여 비판적으로 성찰하도록 이끈 중요한 사건들을 자세히 검토한다. 8장은 사회정의 교육자들의 영성을 검토하고, 그것이 어떻게 하여 사회정의를 위한 그들의 작업에서 이정표이자 경멸의 근원이 되었는지에 대해 검토한다. 이러한 작업은 왜 당신이 사회정의 교육을 무시하고 위협하는 신자유주의 정책이 주도하는 환경에서 확고한 입장(standing firm)을 취해야 하는지에 대한 질문에 답을 제공할 것이다.

9장은 사회정의 교육자들의 유동적 주관성을 탐색하고, 유동적 주관성의 변화과정을 보여준다. 대조적으로 10장은 사회정의 작업의 비일관성과 불완전성을 지적함으로써 사회정의 교육자들의 담론이 보다 인간적으로 되도록 하는 데 목적을 두며, 교사교육자들을 위한 교훈을 정리한다.

각 장은 교사교육에 대한 시사점으로 마무리된다. 그러한 시사점은 내러티브와 성찰질문들에서 나온다. 이 책은 생명력을 갖고 현직교사와 예비교사, 그리고 교육자 자신의 내러티브와 텍스트를 발달시키는 데 도움을 줄 것이다. 무어(Moore, 1998)는 우리에게 다음을 알려준다.

내러티브 방법론은 스토리텔링 이상이다. 유기체 철학에 의해 재구성된 내러티브 방법론은 내러티브와 은유적 사고를 형이상학적이고 개념적인 사고에 통합하도록 해 준다. 사실, 형이상학은 실제로 내러티브를 자료로 하여 추출되었으며, 형이상학의 새로운 개념들에 대한 반응으로 새로운 내러티브가 형성된다. 나아가 각자는 서로를 비판한다. 서로를 강화하고 교정할 수 있다면, 대화적 관계는 중요하다(p. 251).

각 장 말미에 있는 성찰 질문은 사회정의 교육자들의 내러티브와 학생, 교사, 그리고 교육자들의 내러티브가 서로 소통할 수 있도록 촉진해 줄 것이다.

참고문헌

Austin, A. (2013). *Unemployment rates are projected to remain high for Whites, Latinos, and African Americans throughout 2013.* Economic Policy Institute for Ideas and Shared Prosperity.

Barritt, L. (1986). Putting clothes on the dollies: The education of professor. *Journal of Education, 168,* 80–86.

Bell, L.A. (2010). *Storytelling for social justice: Connecting narratives and arts in antiracist teaching.* New York: Routledge .

Bloom, L. (1998). *Under the sign of hope. Feminist methodology and narrative interpretation.* Albany: SUNY.

Fasching-Varner, K. (2012). *Working through whiteness: Examining racial identity and profession with pre-service teachers.* Lanham: Lexington Press.

Fries-Britt, S., & Turner Kelly, B. (2005). Retain each other: Narratives of two African American women in the academy. *Urban Review, 27, 3.*

Greene, M. (1979). Liberal education and the newcomer. *Phi Delta Kappan, 60*(9), 633–636.

Knowledge Center. (2013). *Salaries by race and gender.* Retrieved from nacac.net.org in February 2012.

Johnson, K.E., & Golombek, P.R. (Eds.). (2002). *Teachers' narrative inquiry in professional development.* Cambridge: Cambridge University Press.

Johnson-Bailey, J., & Lee, M.Y. (2005). Women of color in the academy: Where is authority in the classroom? *Feminist Teacher, 15*(2),

111–122.

Ladson-Billings, G. (2009). *Dreamkeepers: Successful teachers of African American children*. San Francisco: Jossey-Bass.

Lather, P. (1991). *Getting smart: Feminism research and pedagogy with/in the postmodern*. New York: Routledge .

Maher, F., & Tetreault, M.K. (1994). *The feminist classroom: Dynamics of gender, race, and privilege*. Lanham: Rowman and Littlefield.

Martin, R.J., & van Gunten, D. (2002). Reflected identities: Applying positionality and multicultural social reconstructionist in teacher education. *Journal of Teacher Education, 53*(1), 44–55.

McLaren, P. (1995). *Critical pedagogy and predatory culture. Oppositional politics in postmodern era*. New York: Routledge.

Miller, S.N., Nelson, M.W., & Moore, T.M. (1998). Caught in the paradigm gap: Qualitative researchers lived experience and the politics of epistemology. *American Education Research Journal, 35*(3), 377–416.

Mitchell, M.C., & Egudo, M. (2003). *A review of narrative methodology*. Edinburgh: Defense Science and Technology Organization.

Moore, M.E. (1988). Narrative teaching: An organic methodology. *Process Studies, 17*(4), 248–261.

Orfield, G. (2013). Affirmative action hanging in the balance: Giving voice to research community in the supreme court. *Educational Researcher, 42*(3), 179–181.

Pagano, J. (1990). *Exiles and communities: Teaching in the patriarchal wilderness*. New York: SUNY Press.

Rios, F. (Ed.). (1996). *Teacher thinking in cultural contexts.* Albany: SUNY Press.

Sandberg, S. (2013). *Lean in: Women work, and the will to lead.* New York: Alfred Knopf.

Vargas, L. (Ed.). (2002). *Women faculty of color in the white classroom: Narratives on the pedagogical implication of teacher diversity.* New York: Peter Lang.

Weiler, K. (1988). *Women teaching for change: Gender class and power.* West Port: Bergin and Garvey.

2장

사회정의 교육이란
무엇인가

개요

이 장에서는 사회정의 교육이 무엇인지에 대해 조작적으로 정의하고, 사회정의 교육의 특징을 제시한다. 비판이론, 비판적 인종이론, 포스트모던이론, 후기구조주의이론, 여성주의이론, 참여교육학 및 다문화교육이론을 사회정의 교육의 맥락에서 분석한다. 소개하는 이론들 중 일부는 사회정의 교육의 조작적 정의와 일관되지만, 일부는 그렇지 않다. 본질적으로 이 장은 '사회정의 교육이란 무엇인가'에 대하여 답한다.

핵심 용어

사회전달이론, 사회정의 교육이론, 포스트모던이론, 참여교육학, 다문화교육이론, 비판이론

사회정의 교육자들의 내러티브를 충분히 이해하기 위해서는, 사회정의 교육에 관련된 이론들을 개관할 필요가 있다. 사회정의 교육에 대한 정의는 교육에서 관용을 보이는 것부터 억압된 구조를 변화시키기 위해 옹호하는 것에 이르기까지 다양하다. 이 장은 사회정의 교육을 조작적으로 정의하고, 그의 근거가 되는 이론들을 조명한다. 첫째, 사회정의 교육이론들의 토대가 된 사회전달이론의 구성요소부터 간략하게 설명한다. 둘째, 비판이론, 비판적 인종이론, 포스트모던이론, 후기구조주의이론, 여성주의이론 및 다문화교육이론을 포함하는 사회정의 교육이론들을 설명한다.

1 사회전달이론

사회변화를 추구하는 이론들과 마찬가지로, 사회정의 교육은 사회전달이론에서 유래하였다. 사회전달이론이란 무엇인가? 전달이론은 사회가 현재의 사회경제적 그리고 정치적 구조를 유지하고 반복해야만 생존할 수 있다고 가정한다(Demarrias & LeCompte, 1995). 사회경제적·정치적 구조나 현재의 상황을 유지하고 계승하는 것은 주류집단에게 바람직한 문화적 전통, 신념과 가치를 다음 세대로 전달함으로써 가능해진다. 다시 말해서, 사회전달이론은 현재의 사회경제적·정치적 합의를 지지하고 옹호한다. 즉, 사회적 불평등은 본질적인 것이며 여러 측면에서 피할 수 없는 것이라는 입장을 취한다. 사회전달이론의 두 주류는 기능주의와 구조적 기능주의이다. 아래에서는 학교 맥락에서 이 이론들을 논의한다.

기능주의

기능주의는 학교가 "현존하는 사회적·정치적 질서를 강화하는 데 이바지해야 한다."는 신념을 고수한다. "사회에는 가치관과 신념, 특히 권력의 분배와 사용에 대한 합의가 있다"는 것이다(DeMarrias & LeCompte, 1995, p. 7). 기능주의는 학교가 기존 사회경제적·정치적 질서를 지탱하기 위한 기관으로서의 역할을 다해야 한다는 지배적인 신념에 기초하여 세 가지의 기본 목표를 달성해야 한다고 주장한다(Morrow & Torres, 1995). 첫 번째 목표는 기존 사회적·정치적 구조가 흔들리지 않도록 하는 것이다. 이 목표를 달성하려면, 학교에서는 무비판적 애국심을 심어주고, 법과 규칙을 검열 없이 수용하도록 부추기며, 모든 권위자와 권력자들에 대한 순종을 주입하는 가치관을 가르쳐야 한다. 이러한 원칙은 현상을 유지하고 반복하기에 유리한 환경을 만들어낸다. 학생들이 권위적인 인물의 바람과 기대에 순응하고 따르게 되면, 그들은 현상 유지에 덜 위협적인 존재가 될 것이다.

기능주의의 두 번째 목표는 학생들이 단일국가문화나 주류문화에 동화되도록 촉진하는 것이다. 허쉬 등(Hirsch et al., 1988)은 "문화적응에 대한 학교의 책임은 중요하고도 기본적이다."라고 주장하였다(18). 다시 말해서 학교는 주류문화 또는 소위 '국가 문화'의 '바람직한' 가치관을 갖지 않은 학생들을 문화적으로 동화시키는 기계로 작동한다(Hirsch et al., 1988, p. 15). 학교는 명시적·잠재적 교육과정을 통해 두 번째 목표를 성취한다(Hirsch et al., 1988; Ravitch, 1995; Schlesinger, 1991). 기능주의자들은 모든 개인이 학교 교육과정을 마칠 즈음에 주류문화를 반영하는 신념과 가치를 보유하게 된다고 주장한다.

기능주의에서는 학교의 세 번째 목표를 자본주의 체계에서 살아가기 위한 준비로 다양한 직업군에 시민들을 배치시키는 것이라고 주장한다

(Spring, 1997). 학교는 이 목표를 "학업능력에 따라 학생을 분류하고, 적절한 진로목표로 안내함으로써" 달성한다(DeMarrias & LeCompte, 1995, p. 10). 학교는 높은 학업 능력을 지닌 듯이 보이는 학생들을 높은 지위로 추천하는 경향이 있고, 학업 능력이 덜하다고 판단되는 학생들을 노무직으로 유도하는 경향이 있다. 직업군으로 학생들을 분류하는 것은 사회의 경제적 효율성을 촉진하는 것이며, 그것이 현상 유지를 위해 가장 중요하다.

요약하면, 허쉬(Hirsch), 쉴레징거(Schlesinger), 래비치(Ravitch) 같은 기능주의자들은 학교에는 세 가지 주요 목표가 있다고 믿는다. 첫 번째 목표는 학생이 권력구조와 권력자에게 순응하고 복종하도록 교육하여 현상이 영속되도록 하는 것이다. 두 번째 목표는 미국 시민들의 통합을 위해 주류문화를 가르치는 것이다. 세 번째 목표는 학생들의 인지적 역량을 판단하여 그에 맞게 자본주의 경제에서 역할을 담당하도록 준비시키는 것이다.

구조적 기능주의

구조적 기능주의는 대부분 기능주의에서 유래한다. 기능주의와 마찬가지로 구조적 기능주의는 학교가 학생들을 (a) 미래의 직업 위치에 맞게 분류하여 현 상태를 유지하게 하고, (b) 권력과 권력자에게 순종하도록 가르치며, (c) 주류문화에 동화시키는 역할을 한다는 것에 동의한다. 구조적 기능주의의 기본적 신념은 사회 제도가 살아 있는 인체와 유사하다는 것이다. 즉, "신체 기관처럼 사회구조도 사회에서 필요한 기능을 수행하기 위해 발달하고, 건강한 사회를 유지하기 위해서는 서로 평형을 맞춰야 한다"(DeMarrias & LeCompte, 1995, p. 6). 구조적 기능주의에서 학교는 생존을 위해 중요한 심장 같은 역할을 수행해야 하고, 심장이 없다면 생명체인 사회는 살아남을 수 없다고 주장한다. 구조적 기능주의자들은 주류문화에 학생들을 동화시키고 고분고분한 노동력을 지속적으로 공급하는 것이 사회의 생존 근거가 된다고 믿는다. 또한 구조적 기능주의에서는 학교가 현상 유지에 부합하지 않는 생각, 신념, 가치관들을 차단하는 기능을 수행해야 한다고 가정한다(Parsons, 1961).

사회전달이론, 특히 기능주의와 구조적 기능주의는 학교의 우선적인 역할이 현존하는 사회경제적·정치적 질서를 유지하는 것이라고 주장한다. 이러한 이론에 따르면, 현재의 법과 권위에 동조하도록 하는 가치관을 가르치고, 주류문화는 무비판적으로 수용하지만 주류문화를 지지하지 않는 견해는 용납하지 않도록 만들며, 자본주의 위계구조에 맞도록 학생들을 깔끔하게 걸러서 분류함으로써 이러한 역할이 완수될 수 있다. 게다가 사회전달이론에서 학교는 가장 중요한 사회화 기관 중 하나이며 사회통합을 이끄는 핵심적인 역할을 수행한다고 간주된다.

2 사회정의 교육이론

사회정의 교육이론은 학교가 순종을 가르치고, 학생들이 주류문화를 수용하도록 강요하며, 자본주의 위계에 따라 학생들을 분류함으로써 현 상태를 유지하기 위한 주요한 도구가 된다는 사회전달이론가들의 주장에 의견을 같이한다. 그러나 사회정의 교육이론은 학교가 주류문화를 전달하는 도구로 기능한다면, 사회에 존재하는 불공평과 사회적 불평등을 영속시키는 데 기여하게 된다고 주장한다. 사회정의 교육자들은 학교가 전달 도구로서 역할을 하는 대신에 민주주의의 이상인 사회정의가 실천되고 일궈지는 사회 개선의 장으로서 기능해야 한다고 주장한다(Adams et al., 2007). 사회정의 교육이론은 학교가 학교 본래의 이념적·문화적·종교적·사회적 다양성이 존재하는 장으로서 기능해야 하고, 민주주의의 중요한 이정표인 사회정의를 향해 나아가야 한다고 주장한다.

　　사회정의 교육이론에는 많은 이론들이 포함되어 있다. 사회정의는 목표이자 과정이다(Bell, 2007). 사회정의의 목표는 "자원이 공평하게 분배되어 물리적·심리적 안전을 확보하는 사회에서 모든 집단 구성원들이 자신의 욕구 충족을 위해 평등하게 사회에 참여하는 것이다"(Bell, 2007, p. 1). 사회정의라는 비전을 달성하는 과정은 복합적이고, 연속적이며, 때로는 좌절되고 압도적이다. 과정에는 "민주적 참여와 변화를 만들어내기 위해 협력하여 작업하는 인간 유기체와 인간 역량에 대해 포용하고 긍정하는 활동이 포함된다"(Bell, 2007, p. 2).

　　어압저 체계 안에서 벌어지는 억압과 자신의 사회화 과정을 이해하는 데 필요한 비판적이고 분석적인 도구를 개발하고, 자신과 자신이 참여하는 기관 및 공동체에 있는 억압적 패턴과 행동을 저지하고 변화시킬 수 있는 주체성과 역량을 발전시키는 것이다(p. 2).

　　비판이론, 비판적 인종이론, 포스트모던이론, 후기구조주의이론, 여성주의이론, 다문화교육이론은 사회정의 교육의 목표를 지지한다. 사회정의 교육이론들은 공통적으로 학교와 같은 기관들에게 억압적인 정책과 관행을 드러내고 변화시키는 역할을 요구한다(Mthethwa-Sommers, 2012). 아래에서 사회정의 교육이론에 포함된 몇 가지 이론을 소개하였다.

비판이론

비판이론의 관점에서 교육학 같은 사회과학 또는 인간관계론은 과학적·객관적·합리적 관점에서 이해될 수 없다. 오히려 인간관계를 이해하기 위해서는 주관성을 확인하고 인간관계에 미치는 역사적·경제적·정치적 영향력에 대해 인식해야 한다. 비판이론은 학교 같은 기관들이 경제적·사회적, 정치적 불평등을 전파하는 역할을 하는 것에 관심을 둔다. 비판이론가들은 착취가 경제적으로만 일어나는 것이 아니라 성, 인종, 국적에 대하여도 일어난다는 것을 인식했다는 점에서 서구 마르크스주의자들과 다르다. 훅스(Hooks, 1994)는 경제적 착취에 초점을 맞춘 마르크스주의를 강조하면 경제적 착취를 형성하는 성, 인종, 국적의 이슈를 무시하게 된다고 주장한다. 이와 같이, 비판이론가들은 사회에 존재하는 불평등이 어느 정도는 인종차별, 성차별, 계층차별, 그리고 장애차별에서 유래한다고 생각한다(Hooks, 1994).

비판이론의 핵심은 의식화(conscientization) 또는 비판적 의식의 개념이다(Freire, 1970). 그것은 사회정의를 달성하기 위한 첫 단계이다. 의식화는 경제, 사회, 문화, 그리고 정치적 권력이 인간관계와 인간이 세상을 바라보고 이해하는 방식에 어떻게 관여하는지를 인식하는 것이다. 의식화를 통해 개인은 사회, 경제, 그리고 정치적 위계 구조 속에서 자신의 위치를 찾을 필요가 있다. 개인이 자신의 위치를 알면 사회정의를 향한 모든 단계에서 권력 격차, 자신의 신념, 가치, 이념에 대해 의문을 제기하게 된다.

비판이론가인 훅스(1994)는 비판적 의식이란 자신이 백인, 남성, 이성애 그리고 금전적 풍요로움을 숭배하는 가치와 신념체계에 의해 형성된 산물이라고 인식하는 개인적 능력이라고 정의하였다. 그녀는 개인이 인종차별, 성차별, 이성애우월주의, 그리고 엘리트주의 사회의 산물임을 깨닫고 수용할 때, 모두에게 보다 평등한 사회를 만드는 방향으로 활동하기 시작한다고 주장하였다. 바톨로메(Bartolome, 1994)는 비판적 의식을 정치적 명료성이라고 언급하고, 다음과 같이 정의하였다.

비판적 의식은 개인이 사회정치적·경제적 현실을 재창조하는 삶과 능력을 만들기 위해 사회정치적·경제적 현실에 대한 인식을 심화시키는 과정이다. 덧붙여서, 거시적 수준의 정치·경제·사회적 변인들과 미시적 수준인 학급에서 열등한 집단의 학업 수행 간의 연관성을 더 잘 이해하는 과정이기도 하다. 따라서 그것은 언제나 사회문화적 구조와 학교 간의 관련성에 근거하여 이해되어야 한다.(Leistyana, 1999, p. 14).

의식화, 비판적 의식, 그리고 정치적 명료함은 소위 '정신차림(presence of mind)'이라 말할 수 있다(Leistyana, 1999). 정신차림은 "우리가 가지고 있는 문화적 가정에 대한 사회적 특성"(p. 14), 그리고 사회구조 안에 존재하는 불평등한 권력관계를 드러낸다. 개인이 사회에서 자신이 어떤 위치에 있는지 성찰할 기회를 가질수록 소외된 집단에 대해 가지고 있던 편견의 일부를 없앨 기회를 갖게 된다.

대화라는 개념 또한 비판이론에서 중요하다. 대화는 익숙한 현상들에 대하여 다양한 관점에서 따지고 검토하기 위한 전략이다. 비판이론가들은 대화가 억압의 본질을 이해하고, 억압적 구조와 관행을 근절하고자 하는 사람들 간에 다리를 놓고 연대를 형성하기 위한 기본이 된다고 주장한다. 훅스(1994)는 다음과 같은 이유로 대화가 중요하다고 하였다.

우리는 비판적 의식을 가지도록 서로를 교육할 때, 변화를 위해 진지하게 받아들여질 수 있는 진보적 정치 투쟁에 대해 다양한 관점으로 토론하는 것이 얼마나 중요한지를 깨닫는 기회를 가질 수 있다. 사람들은 다양한 관점을 들을 수 있는 지적인 대화에 참여하고, 생산적이고 비판적인 교류와 대립을 경험하면서 결속이 더 강해지는 것을 직접 목격할 수 있다(Florence, 1998, p. 87).

그러므로 대화는 다른 사람이 사회에서 어떻게 현재의 위치에 있게 되었는지를 듣게 해 주는 한편, 사회에서 자신의 위치를 검토할 수 있는 기회도 제공한다. 대화는 또한 다양한 관점을 제공하며, 다수의 다양한 관점을 포용하는 민주주의의 축소판을 경험하게 해 준다. 대화는 비판적 의식과 밀접하게 연결되어 있다.

훅스(1994)나 프레이리(Freire, 1970)와 같은 비판이론가들은 비판적 의식과 대화가 불평등한 사회 정치적·경제적 구조에 대한 의문을 촉진하는 데 필수적이라고 믿는다. 그렇다면 다음과 같은 질문이 제기된다. 비판적 의식과 대화는 학교와 교실에서 어떻게 나타나는가? 교육자들이 어떻게 하면 비판적 의식과 대화를 키우는 환경을 조성할 수 있을까?

비판이론에서 바라본 교실

프레이리(1970)는 전통적인 학교교육은 '은행저축식 방식(banking)'에 의지하기 때문에 비민주적이라고 주장하였다. 은행저축식 방식은 지식의 저장고인 교사가 학생을 주류문화집단의 지식이 예치되기를 기다리는 텅 빈 용기나 그릇처럼 생각할 때 발생한다. 그 지식은 시험이라는 형태로 학생에게서 자주 인출된다. 교육과정은 교사에 의해 지식이 예치되고 인출되는 은행거래와 유사하다. 이 방식에서 학생은 자신의 삶의 경험과 거리가 먼 지식체계를 수동적으로 받아들이는 역할을 담당한다(Freire, 1970, 1973, 1992).

교육에 대한 은행저축식 방식으로는 비판적 의식과 대화를 촉진할 수 없고, 실제로 그것이 일어날 기회를 방해한다. 비판이론가들은 학생과 교사 모두가 주체로 인식되어야 한다고 주장한다. 그들은 지식의 저장고로서의 교사 역할을 거부하고, 교사의 역할은 학생들을 지식 체계 내에서 훈련시키고, 학생들이 지식을 비판적으로 검토하면서 지식의 대상을 밝히고 드러내도록 하는 것이라고 주장한다(Leistyana, 1999, p. 29에 인용된 Freire의 주장). 또한 지식의 수동적인 수용자로서 학생의 역할도 거부한다. 그들은 학생이 객체로서의 역할보다는 교사의 역할로 가정할 수 있는 주체의 역할, 즉 교사 및 동료 학생들과 함께 대화에 참여하고, 학급에서 나타나는 인식들을 비판적으로 검토할 수 있어야 한다고 주장한다.

『경계 넘기를 가르치기(*Teaching to Transgress*)』[8]에서 훅스(1994)는 교사를 지식의 소유자, 학생을 지식의 파산자 또는 백지상태로 구분하는 전통적 교실의 위계적 배치에 대해 분석하였다. 그녀는 권력구조의 최상층에 있는 지배집단이 최하층에 있는 피지배집단(학생들)에게 지시하고, 그들을 이념적으로 통제한다는 점에서 위계적 교실 구조를 사회의 위계적 권력구조와 동일시하였다. 그녀는 교사/학생의 위계적 권력구조의 해체를 옹호하면서 교실이 학생과 교사 모두가 지식을 교환할 수 있는 장소여야 한다고 주장하였다. 학생들이 자신의 문화적 세계관을 교실에 가져오고, 그 견해들이 받아들여지며, 교실에 존재하는 지식들과 비교됨으로써 다양한 지식들에 대하여 대화를 나누고 비판적으로 검토하는 교실을 만들 수 있다고 하였다.

....

8　벨 훅스 지음, 윤은진 옮김, 모티브북, 2008.

촘스키(Chomsky, 2000)는 전통적인 교육방법은 교사를 교리 관리자 (doctrine manager)로 간주한다고 가정한다. 교리 관리자는 학생들에게 주류집단의 인식론, 신념체계, 그리고 가치관을 주입하고, 교리와 신념에 대한 지속적인 점검과 관리를 통해 학생들이 주류집단의 교리를 따르도록 한다. 촘스키는 교사가 교리 관리자로서 기능하는 대신에 교실에서 비판적 의식과 대화를 촉진해야 한다고 주장하였다. 교사는 학생들이 주류계층의 인식론을 비판적으로 점검하고 "현재의 사회·경제·정치적 합의로부터 누가 혜택을 받는가?", "현재의 구조적 배치로 인해 사회정의라는 민주주의의 신념이 얼마나 촉진되고 위협받는가?"와 같은 질문을 할 수 있는 장을 마련해야 한다(p. 35).

『교사는 지성인이다(*Teachers as Intellectuals*)』[9]에서, 지루(Giroux, 1988)는 학교에서 전통적으로 배정된 역할에 교사가 저항할 수 있는 방법에 대하여 다음과 같은 지침을 제공한다. "첫째, 교사는 학교의 불균형한 권력관계에서 문화적 산물이 어떻게 조직되는지 분석할 필요가 있다. 둘째, 교사는 학교를 민주적 영역으로 만들기 위해 사회적 갈등에 참여시키기 위한 정치적 전략을 구상해야 한다." 지루(1988)는 교사가 억압과 지배의 선행 요인들을 이해해야 하며, 억압적 구조들을 뒤집는 다양한 방안을 고안해야 한다고 주장한다. 그는 교사가 전통 이론적 접근에서 명백히 제시했던 자동화된 역할 수행자 대신에 교사는 "교육의 목적과 환경"을 조성하는 능동적인 참여자가 되어야 한다고 믿었다(p. 126). 더 나아가 변화를 일으키는 교사는 학생들이 절망감을 느끼지 않고 현실적인 희망을 위해 실천하는 용기와 지식을 지닌 시민이 될 수 있는 기회를 제공하는 환경을 조성해야 한다(p. 128).

....

9   헨리 지루 지음, 이경숙 옮김, 아침이슬, 2001.

학생의 역할에는 그들의 신념, 가치체계, 그리고 이념들에 대해 의문을 제기하는 것이 포함된다. 학생들은 권력 구조 안에서 자신의 역할과 위치를 검토해야 한다. 다른 비판이론가들처럼 지루(1988)도 학생과 교사가 주류문화와 전통 교육에 대해 소위 "비판적 언어"를 넘어 "가능성의 언어"로 향해 가기를 희망하였다(p. 132). 비판이론에서의 실천은 차이를 인식하고 고정관념을 분석하는 것 이상이며 보다 근본적이다. 그것은 인종차별주의를 포함하여 여러 형태의 차별을 양산하는 다양한 역사, 문화적 내러티브, 표현 그리고 제도들을 이해하고 참여하여 변화시키는 것을 의미한다(Giroux, 1994, p. 328).

비판이론을 믿는 교사와 학생은 억압적 구조와 관행을 드러내는 것 이상을 추구한다. 그들은 사회정의 기준들과 조화를 이루는 수업의 내용과 맥락을 만들어 교실에 균형을 맞춘 기준들을 통합해야 한다. 그렇게 하면서 학생과 교사는 교실을 민주주의의 모델로 변화시켜 현상 유지에 도전할 수 있다. 학생은 다양한 방법으로 체계를 변화시키기 위한 방안을 찾아서 움직이고, "사회와 행동에 대한 이론적 이해와 비판 사이의 지속적인 관계"(Leistyana, 1999, p. 45에 인용된 Freire의 주장)인 실천에 참여하려고 할 것이다. 프레이리는 실천이 없는 개인의 입장 및 사회구조에 대한 비판적 의식이나 점검은 효과가 없다고 강조하였다.

랭크쉬어와 맥라렌(Lankshear & McLaren, 1993)은 교사가 비판이론과 조화를 이루도록 하는 프레이리의 여섯 가지 원칙을 확인하였다.

1. 세상은 학습자 스스로가 노력하여 이해되고 알아가는 대상으로 접근되어야 한다. 또한 알아가는 행동은 자신의 존재, 경험, 요구, 상황, 그리고 운명에 근거하여 촉진되어야만 한다.
2. 인간 자체가 그러하듯이 현실에 대한 이념적 표상에 따라 역사적 문

화적 세계는 창조되고 변화 가능한 현실이며, 인간의 행동에 의해 끊임없이 형성되고 만들어지는 과정으로 접근되어야 한다.

3. 학습자는 자신의 존재 및 삶의 조건을 지금까지 현실에서 일어나고 만들어진 것들과 적극적으로 연결시키는 방법을 배워야 한다.

4. 그들은 현실을 "새로 만들" 가능성, 즉 새로운 창조에서 비롯된 새로운 존재 가능성을 고려해야 하고, 새롭게 합법화되는 역사를 다시 만들기 위해 참여해야 한다. 새로 만드는 것은 모든 참여자의 목소리를 받아들여 공유하는 사회적 사업이다.

5. 문해력 측면에서 학습자는 이러한 공유된 프로젝트에 대한 인쇄물의 중요성을 이해할 수 있어야 한다. 계속되는 관계와 실천을 적극적으로 재구성하고, 관련된 경험에 의미를 부여하는 과정에서 인쇄물 이해 역량을 습득하면, 학습자는 실제로 인간 주체의 의미에 대해 이해하게 되고 자신의 잠재력을 경험하게 될 것이다.

6. 학습자는 지배담론에 대한 잘못된 믿음이 어떻게 그들을 억압하고 소외시키는 신화가 되는지 이해해야만 한다. 하지만 그러한 신화는 변화를 일으키는 행동을 통해 초월될 수 있다.

다시 말해서, 교사들은 학급에서 학생을 교육의 주체로 대하고 그들의 경험을 중요시해야 한다. 학생들이 학습의 중심이 되면, 사회에 존재하는 불평등을 더 비판적으로 검토할 가능성이 높아지며, 이러한 불평등의 기원을 찾고 그것들이 어떻게 영속되는지를 확인하도록 촉구할 것이다. 사람들은 역사의 객체가 아닌 주체로 자신을 인식할 때 실천할 가능성이 더 높아진다.

교사와 학생의 역할과는 별도로, 비판이론가들은 지식의 조직체 또는 명시적인 교육과정에 역사적으로 소외된 집단들에 대한 지식이 포함돼야 한다고 주장한다(Shor & Friere, 1987). 프레이리는 교육과정이 백인 앵글로색슨 이성애우월주의자 남성의 공헌뿐 아니라 다양한 집단의 공헌을 반영해야 한다고 주장했다. 이와 같이 비판이론가들은 유색인, LGBTI, 여성, 낮은 사회계층 배경 학생들을 무시하는 계층차별, 인종차별, 이성애우월주의, 그리고 성차별적 교육과정에 대해 거부할 것을 요청한다.

훅스(1994)는 참여교육에 대한 자신의 생각을 발표하면서, 교육의 목적이 사회적 불평등을 재현하는 것이 아니라 민주주의를 촉진하는 것이어야 한다고 진술하였다. 학생과 교사 모두가 참여교육을 함께할 때만 민주주의가 촉진될 수 있다. 참여교육은 지배체계를 재현하는 교육과정에서 나타나는 편견에 의문을 제기하고, 다양한 집단의 학생들을 가르치는 새로운 방법을 제공하는 것을 포함한다(p. 10). 그래서 참여교육은 객관적이고 보편적이라고 가장된 지식의 겉모습에 사로잡히는 것을 기부하고, 지식이 다원적인 형태로 학생들에게 제시되는 자유롭고 민주적인 실체를 지향하는 교육의 개념을 받아들인다.

요약하면, 비판이론가들은 현재 사회구조와 제도가 불평등하고 정의롭지 못하다고 생각한다. 주요 사회기관의 하나인 학교는 계층, 인종, 성, 그리고 다양한 형태의 불평등을 재생산한다. 비판이론가들은 학교가 민주주의와 조화를 이루고 사회정의 교육의 실현을 촉진하기 위해서는 몇 가지 변화가 필요하다고 주장한다. 첫째, 교사와 학생은 의식화, 비판적 의식, 그리고 대화에 참여해야 한다. 둘째, 교사는 은행저축식 교육방법을 거부하고 스스로를 정보의 보관소가 아닌 지성인으로 바라보아야 한다. 셋째, 명시적 혹은 잠재적 교육과정은 인종, 성 역할과 성, 계층, 그리고 사회에 있는 여러 형태의 다양성을 반영해야 한다. 넷째, 사회구조와 관행은 비판적으로 검토되어야 한다. 다섯째, 교사와 학생은 스스로를 민주주의의 촉진자로 바라보아야 한다.

다문화교육이론

다문화교육이론은 사회정의 교육이론들 중에서 매우 중요하다. 슬리터와 그랜트(Sleeter & Grant, 1987)는 몇몇 학교에서 민주주의 개념을 실현하기 위해 채택하고 있는 다문화교육의 분류체계를 제공하였다. 그러나 저자들은 모든 다문화교육 접근이 사회변화와 사회정의를 표방하지는 않는다고 경고한다. 그 접근들 중 몇몇은 다원론을 가장한 채 동화를 촉진함으로써 현재의 상태를 유지하려고 한다. 그러나 다문화이론에 포함된 대부분의 접근에서는 현 체계가 정의롭지 않다고 주장하며, 학교가 민주주의의 이상에 일치되어야 한다고 요청한다. 그것은 사회정의 교육의 두 가지 본질적인 이정표이다.

슬리터와 그랜트(1987)는 다문화교육 연구들에 대한 메타분석을 실시하여, 그 결과를 (a) 문화적 차이와 특수성에 대한 교수방법, (b) 인간관계, (c) 단일집단 연구, (d) 다문화교육, (e) 다문화와 사회재건을 위한 교육이라는 다섯 가지 접근으로 분류하였다.

첫 번째 접근인 문화적 차이와 특수성에 대한 교수방법은 부르디외와 파스롱(Bourdieu & Passeron, 1977)이 명명한 학교에 널리 퍼져 있는 '주류문화의 문화자본'을 소유하지 못한 학생들을 돕는 것과 관련된다. 그래서 이 접근의 중요한 목표는 "(가정된) 결핍들을 해결하고, 학생과 학교 사이를 연결하는 것"(Sleeter & Grant, 1988, p. 35)이다. 이 다문화교육 모형은 사회변화를 주장하는 대신에 문화적으로 다양한 학생들을 주류문화로 동화시키는 것을 옹호한다. 다시 말하면, 이 접근은 자신의 문화를 버리고 주류문화를 받아들이도록 요구한다. 그리고 연구들은 소수집단과 빈곤한 학생들의 주류문화 수용 의지와 학업적 성공 간에 정적 상관관계가 있음을 밝히고 있다(Anyon, 1980; Au & Jordan, 1981; Bourdieu & Passeron, 1977;

Fordham & Ogbu, 1986; Villegas, 1988). 그러므로 이 접근에서 주장하는 학생들의 동화는 사회정의 교육에 반대되는 방향임을 인식해야 한다.

두 번째 접근인 인간관계 접근의 기반은 문화상대주의(Leistyana, 1999)이다. 이 접근은 학생이 문화적 차이를 인식하고 그것들을 동등하게 수용하는 것을 인정한다. 또한 학생들이 다른 문화를 수용하도록 격려한다. 슬리터와 그랜트(1988)는 이 접근에서 다른 문화의 유산과 음식에 노출시키는 점에 주목하였다. 그러나 저자들은 다음과 같이 주장하였다.

> 그러나 이러한 접근으로는 그들이 차이나타운의 가난이나 아시아 이민자들이 미국 사회에 동화하기 위해 자신의 정체성 중 많은 부분을 포기해야 할 때 직면하는 심리적 손상과 같은 주제에 대하여 배우게 된다는 것을 보장할 수 없다(p. 13).

슬리터와 그랜트는 유색인에 대한 제도적 장벽에 대해 논의하지 않으면서 비주류문화를 존중하기 위한 논의를 하는 것은 피상적이며 변화를 일으키지도 않는다고 주장하였다. 그러므로 다문화교육에 대한 이러한 접근은 억압적 구조를 드러내지도 않으며, 이러한 구조와 관행에 변화를 일으키려는 노력이 없기 때문에 사회정의 교육과 일치하지 않는다.

세 번째 접근인 단일집단 연구는 다양한 문화집단 사이의 권력 관계에 주목한다. 이 접근에서는 학교교육이 갖는 헤게모니적 역할을 인식하며, 학생들이 지배담론을 분명히 알고 도전하는 주체적인 역할을 할 수 있도록 대항담론을 제공하기 위해 노력한다. 그러나 이 접근은 하나의 주변화된 집단의 구성원들에게만 주목하는 경향이 있다. 예를 들어, 여성의 역사는 주로 여성의 문제에 관심이 있는 여성과 남성을 대상으로 한다. 마틴(Martin, 1993)에 따르면 이러한 경향은 공자님 앞에서 문자 쓰는 격이며, 학교에서는 이러한 과목이 필수과목이 아닌 선택과목이기 때문에 한계를 가진다. 주류문화의 구성원들은 여성과 유색인이 직면하는 문제들에 노출되어야 한다. 단일집단 연구 접근법은 주요 교육과정에는 포함되지 않기 때문에 여성과 유색인의 주변적인 지위를 강화시킨다. 더욱이 이 접근은 집단을 획일적이고 환원주의적으로 취급하며, 집단 내의 다양성을 무시한다는 비판을 받아왔다(Sleeter & Grant, 1988). 이 접근은 억압적인 구조와 관행을 밝히고 변화가 일어나도록 요구함으로써 사회정의 교육의 기준을 충족시키는 것처럼 보이지만(Sleeter & Grant, 1988), 반사회정의 교육처럼 집단을 동등화하려는 경향이 있다. 그린(Green, 1996)은 다음과 같이 설명하였다.

> 우리가 민주적 공동체를 세우려고 노력할 때마다, 우리는 고정된 본질을 사람들에게 돌리고, 그것들이 특정 집단, 문화, 그리고 심지어는 젠더를 대표한다고 간주한다. 우리는 그것들이 변화가능하며 상황에 의해 주어진다고 가정함으로써 다양한 관점과 현실을 고려해야 한다(Leistyana, 1999, p. 34에서 인용).

집단을 획일적이며, 내집단 차이가 없다고 간주하는 것은 모든 집단 구성원이 비슷한 경험을 갖고 있으며 개개인의 역사가 경험에 영향을 미치지 않는다고 가정하는 것이다. 예를 들어, 모든 여성을 동일한 방식으로 다루는 것은 여성으로서의 경험은 유사하지만 그들의 사회계층, 인종, 그리고 성적 취향이 다르다는 사실을 간과하는 것이다.

슬리터와 그랜트(1988)는 미국 학교에서 가장 널리 이용되는 접근은 다문화교육이라고 하였다(Sleeter & Grant, 1988). 이 접근은 인간관계 접근처럼 학생들을 다양한 문화에 노출시키고 문화적 다양성을 수긍하도록 한다. 이 접근에서 구조적 불평등은 최소한으로만 다루어지며, 문화적 차이를 칭송하고 확인하는 것에 초점이 맞춰진다. 관용을 가르치는 것이 목표인 인간관계접근과 달리 이 접근은 문화적 차이를 견디는 대신에 수용하도록 가르치면서 모든 문화를 떠받든다. 이 접근은 역사적으로 소외되어 왔던 인종 집단을 포함하는 교육과정을 받아들인다. 널리 사용되는 이 접근은 구조적 불평등을 최소한으로 언급하고 억압적 구조와 관행의 변화를 요구하지 않기 때문에 사회정의 교육과 일치하지 않는다.

　　다섯 번째 접근인 다문화 사회재건주의는 집단 간의 다양성은 물론 집단 내의 다양성을 고려한다. 이 접근은 지배 이데올로기와 그것이 유색인, 유색인 여성, 레즈비언과 게이, 장애인, 빈곤한 사람들을 주변화시키는 데 미치는 효과를 분석하고 해체하도록 격려한다. 따라서 이 접근은 지배와 억압의 체계적인 특징을 다룬다. 사회의 불균형한 권력 관계를 감추는 역할을 하는 사회정치적 규범과 학교를 비판한다. 다문화 사회재건주의(MCSR; Multicultural social reconstructionist) 접근(Martin, 1993)은 학생과 교사가 사회변화의 주체가 되도록 격려한다. 이 접근이 실현되기 위해서는 학생과 교사가 네 가지 연습에 참여해야 한다. 첫째, 민주주의를 실천해야 한다. 개인의 신념을 지지하고, 다른 사람과 대화하며, 힘을 얻고 힘을 기르기 위해 집결해야 한다(Sleeter & Grant, 1994, p. 223). 수업에서 토의에 참여하면서 다양한 관점을 수용하는 것은 MCSR을 실행하는 데 있어서 필수적인 민주주의를 연습하는 것이다. 둘째, 자기성찰을 포함하여 스스로의 삶의 환경을 분석해야 한다. 학생과 교사는 위계적 사회구조 내에서 자신의 위치를 분석한다. 교사와 학생들은 자신이 억압의 주체인지 아니면 억압의 대상인지, 아니면 둘 다인지 자신의 역할에 대해 질문한다. 슬리터와 그랜트(1994)에 따르면 이러한 자기분석은 학생과 교사가 자신의 위치를 인식해야 비로소 억압에 대항하여 행동할 수 있기 때문에 매우 중요하다. MCSR의 세 번째 목표는 다양한 사회계층 및 인종 배경을 가진 사람들과 상호작용할 수 있는 능력을 포함한 사회적 기술을 발달시키는 것이다. 학생들은 자기관찰과 자기분석에 몰두하고 민주주의를 실습하도록 격려 받아야 한다. 이러한 권한 부여는 학생들이 보다 민주적인 시민이 될 수 있도록 사회의 축소판이자 훈련장(Sleeter & Grant, 1994)인 교실에서 일어나야 한다. 넷째, 인종, 계층과 젠더 문제를 통합해야 한다. 계층, 젠더, 인종 문제를 다루는 것은 억압에 맞서 싸우는 사람들이 연대할 수 있도록 해 준다. 주류문화에 도전하고 개인이 사회변화의 주체가 되도록 격려한다는 점에서 MCSR 접근은 사회정의 교육과 일치한다.

슬리터와 그랜트(1988)의 분류체계는 교사들이 교육에 대한 다양한 접근을 위한 용어로서 다문화교육을 사용하고 있음을 보여준다. 그들이 확인한 다문화접근 중 네 가지는 사회정의 교육의 개념에 부합하지 않으며, 단 하나 MCSR만 사회정의 교육의 목표와 일치한다.

뱅크스(Banks, 1996)는 미국 학교에서 사용되는 사회 연구 접근법을 검토하는 연구를 수행하여 미국에서 실행되는 다문화교육의 다섯 갈래를 확인하였다. 학교에서 널리 사용되는 첫 번째 갈래는 내용통합이다. 뱅크스(1997)는 이 교육을 기여적 접근이라고 불렀는데, 교사가 다양한 문화의 영웅, 생활 양식, 산출물에 대한 정보를 알리는 방식이다. 이 접근은 억압적인 구조와 관행을 드러내고 변화시키기 위해 노력하지 않은 채 문화를 찬양하기 때문에 사회정의 이론에 부합되지 않는다.

뱅크스가 밝힌 두 번째 갈래는 지식 구성이다. 교사와 학생은 자신의 위치성이 어떤지 그리고 자신의 관점이 젠더, 사회계층, 인종에 의해 어떻게 알려지는지를 이해하고 사회적 문제에 대한 지식을 형성하기 위해 노력해야 한다. 그래서 이 접근에서는 지식 구성 과정이 구성자의 위치성에 관한 지식과 밀접하게 연관되어 있음을 이해하는 것이 중요하다고 강조한다.

즉, 학생과 교사의 세계관은 다양한 사회집단의 구성원으로서 각자의 경험에 의해 형성된다. 이 접근은 사회정의 교육의 요소를 가지고 있지만 억압적 구조와 관행의 변화를 옹호하지는 않는다. 지식 구성이 어떻게 이루어지는지를 이해하는 것만으로는 사회정의 교육을 지향한다고 간주하기에 충분하지 않다.

뱅크스가 밝힌 세 번째 갈래는 평등 교육이다. 평등 교육은 모든 배경 출신의 학생들을 포함하는 교육 방법과 교실 관행에 관한 것이다. 뱅크스는 이 갈래가 특권을 빼앗긴 집단의 역사를 포용하기 위해서가 아니라, 교실에 있는 모든 학생 특히 오랫동안 주변화된 학생에게 다가가기 위한 것이라고 주장한다. 이 갈래는 교육 내용보다는 모든 학생의 성공을 확보하는 데 목표를 둔 교육 방법에 관한 것이다. 이 갈래는 사회정의 교육의 몇 가지 요소를 가지고 있지만, 지식 권력 구조를 건드리지 않기 때문에 사회정의 교육의 기준을 충족시키지는 못한다.

네 번째 갈래는 편견 감소이다. 이것은 주류문화 출신인 학생들이 역사적으로 주변화된 사람들을 포용하고 그들에 대한 긍정적인 태도를 갖도록 설득하는 것을 포함한다. 주류문화 출신 학생들이 오랫동안 주변화된 인종집단과 문화집단 출신의 학생들을 포용하도록 격려한다. 이러한 접근은 문화 권력의 차이에 의문을 제기하지 않고 현재 상태의 변화를 요구하지도 않기 때문에 사회정의 교육의 기준을 충족시키지 못한다.

뱅크스가 밝힌 다섯 번째 갈래는 학교 문화와 사회구조에 대한 권한 부여이다. 이 갈래는 다양한 배경의 학생들이 사회적으로 수용되고 학문적으로 보상받을 수 있도록 전체 학교 문화를 변화시키는 것을 포함한다. 뱅크스에 따르면 학교 문화와 사회구조에 권한을 부여하는 학교는 눈에 띄게 다양한 행정인력, 교수인력, 학생, 교육과정 그리고 학교 관행을 갖추고 있다. 즉, 다양성에 대한 존중을 분명히 한다는 강령을 넘어서 다양성을 실천하는 학교이다. 이 갈래에는 주류문화에서 지식을 어떻게 인식하는가에 대한 질문이 포함된다. 다문화주의의 이러한 갈래는 비록 학교 수준에서 진행되기는 하지만 사회 불평등에 대해 의문을 제기하고 변화시키고자 하기 때문에 사회정의 교육의 기준을 충족시킨다.

다른 저서에서 뱅크스(2008, 2009)는 사회정의를 위한 다문화적 인식의 개념을 소개하였다. 이 개념에서는 우리가 살아가는 다원화되고 세계화된 사회에서 길을 찾는 데 필요한 기술과 사고방식을 다룬다. 뱅크스는 교육적 관행이 세계적인 사회정의 의제에 맞춰 변화하기 위해서는 사회적, 문화적인 인식뿐만 아니라 포괄적인 의사소통 기술, 사회적 행동이 필요하다고 주장하였다. 사회정의를 위한 다문화적 인식의 개념은 교육 관행의 변화를 옹호하기 때문에 사회정의 교육의 기준을 충족시킨다.

사회정의 교육의 기준을 충족시키는 다문화교육으로 범주화 할 수 있는 다른 연구로는 게이(Gay, 2001)의 문화감응교수, 래드슨-빌링스(Ladson-Billings, 1995)의 문화적으로 적절한 교육 이론, 맥라렌(1995)의 비판적 다문화주의 및 스즈키(Suzuki, 1984)의 사회계층 다문화주의 등이 있다. 게이의 문화감응교수의 개념과 래드슨-빌링스(1995)의 문화적으로 적절한 교수 이론은 교육과정 내의 불평등을 인식하고 모든 학생들을 지지하는 교재를 포함시키라고 주장한다. 게이와 래드슨-빌링스 모두 학교 문화가 보편적이고 객관적이지는 않지만 사회 권력 구조를 반영한다고 주장한다. 그들은 학생들에게 좀 더 포용적이고 융통성 있는 교육적 대안을 제안한다.

맥라렌(1995)의 비판적 다문화교육은 경제적·사회정치적 변화를 통해 평등을 실현하는 방향을 취한다. 비판적 다문화 이론가들은 학교를 억압적인 사회정치적·경제적 구조의 변화를 촉진하는 변화의 장으로 받아들인다. 비판적 다문화교육을 받아들이는 교사는 의미와 배경을 구성할 때 언어의 역할을 검토한다. 또한 그들은 다양한 형태의 지식을 탐구하고, 유럽 중심적 지식 유형이 일부 사람들을 말살시키며, 다른 일부의 사람들에게는 동조하도록 해왔던 방식에 대해 인식한다. 이러한 유형의 교육은 연속적인 성찰과 행동을 동반하는 실천의 개념을 주요 주제로 다룬다.

스즈키(Suzuki, 1984)의 사회계층 다문화교육에 대한 개념은 마르크스 이론에서부터 나왔으며, 사회경제적 다양성 획득에 전적으로 근거한다. 스즈키는 자본주의의 경제체제가 사회적 불평등의 뿌리이기 때문에 그 어떤 다문화 담론도 불평등한 권력관계를 정당화시키고 영속시키려는 경제적 구조에 대한 비판으로부터 시작해야 한다고 주장하였다. 그녀는 사회의 불평등은 차별적인 교육과정과 불균등한 자원의 배분을 통해 학교에서 지속되고 있으며, 교육기금과 교육 내용의 차이가 주변화된 사람들이 경제적 자원을 활용할 수 없도록 유도한다고 주장하였다. 다시 말해 경제적 불균형과 불평등한 부의 분배가 영속적으로 순환되는 것이다. 스즈키에 따르면 다양한 형태의 지식을 포함하는 것만으로 억압을 근절하기는 불충분하며, 그 자체로는 억압을 제거할 수 없다. 그녀는 경제적 불평등과 모든 유색인 여성과 그리고 유색인에 대한 착취에 기반을 둔 체계인 자본주의의 근절을 검토하고 옹호하는 것이 억압을 폐지하는 적절한 단계들이라고 제안하였다(Suzuki, 1984).

포스트모던이론

포스트모던이론 또한 "예술, 음악, 문학, 과학 또는 철학을 포함한 전통적인 과학의 권위뿐만 아니라 권위를 지닌 표준이나 규범의 합법성에 대해 의문을 제기한다는 점에서 사회정의 교육이론과 연결될 수 있다"(De-Marrias & LeCompte, 1995. p. 32). 포스트모던이론에서는 이원론을 완전히 틀린 것으로 간주하지는 않지만, 정신과 신체, 이성과 감성으로 나누는 이원론을 부분적으로 거부한다. 리오타르(Lyotar)와 다른 포스트모던이론가들은 소위 메타내러티브(meta-narratives)는 불완전하며, 세상에 객관적인 논리란 있을 수 없기 때문에 그것을 객관적인 논리로 취급해서는 안 된다고 주장한다. 포스트모던이론가들에 따르면, 화자의 경험과 사회에서 차지하는 역사적·문화적 위치가 모든 내러티브를 만든다(Lather, 1991). 포스트모던이론가들은 학생과 교사 모두 거대담론을 해체하는 데 기여해야만 하고, 권력과 지식 혹은 푸코(Foucault, 1980)가 얘기한 "진리체계"와 권력 사이의 관계에 대해 인식해야만 한다고 주장한다(p. 131). "각 사회가 갖고 있는 진리체계는, 진실이라는 일반적 정치성을 가지고 있다. 그것은 사회가 옳다고 받아들여 작동하도록 하는 담론의 형태로 나타난다"(p. 131). 촘스키(2000)는 이러한 형태의 거대한 거짓말을 "정신의 통제"라고 불렀다. 정신의 통제 혹은 거대한 거짓말을 하는 것은 편파적인 정보를 공정한 정보로, 주관적인 정보를 객관적인 정보라고 퍼트림으로써 주류집단이 사회를 이념적으로 통제하거나 헤게모니(Gramsci, 1971)를 만들어낸다.

포스트모던이론가들은 제도로서의 학교가 청소년의 사회화에 책임이 있으며, 그렇기 때문에 정신을 통제하는 가장 중요한 위치에 있고, 권력구조 내에 위치하고 있다고 주장한다. 포스트모던이론에서는 지식이 권력구조 내에 위치해 있다고 주장하는데 이것은 푸코가 얘기한 "지식이 권력이다"라는 익숙한 용어와는 다른 것이다. 푸코는 인터뷰(Foucault & Raulet, 1983)에서 권력과 지식은 다른 개념이라고 밝혔다. 권력은 지식이 아니며, 지식이 권력도 아니다. 그는 지식과 권력이 서로 다른 용어이지만 그것들은 관계가 있다고 말했다. "지식 분야에서 상호 관련 없이 구성되는 권력관계는 없다. 동시에 권력관계를 전제로 하지 않고 구성되는 지식도 없다"(Foucault, 1977, p. 27). 달리 표현하면, 권력을 가진 사람은 무엇을 타당한 형태의 지식으로 간주해야 하는지를 결정할 수 있는 능력을 지니고 있다. 그래서 지식은 단지 누가 힘을 가졌느냐를 반영하는 것으로 간주될 수 있다. 그렇다면 교실에서는 어떻게 나타날까? 지식과 권력 관계에 대해 인식하게 되면 교과서의 지식에 의문을 제기할 뿐 아니라 교사가 교육과정의 형태로 교실에 은근슬쩍 가져오는 가치에도 의문을 제기할 수 있게 된다. 권력과 지식의 관계를 인식하는 교사는 자기성찰적이며, 어떻게 자신의 교육적 행동이 알지 못하는 사이에 일부 학생을 주변화시키고 또 다른 일부 학생에게 특권을 부여하는지, 그리고 교육과정에 어떻게 권력구조를 반영할 수 있을지에 대해 생각한다. 그것은 반성으로 끝나지 않는다. 그 후 교사는 다원적이며 모든 집단을 고려하는 교육과정과 교육적 활동을 실시한다. 더욱이, 교사는 학생들이 사회정의 활동에 참여하도록 격려한다.

후기구조주의이론

포스트모던이론과 유사하게, 후기구조주의이론은 사회정의 교육이론의 특징을 지닌다. 권력이 교육적 담론과 실무에 스며든다는 생각은 체리홈스(Cherryholmes)와 같은 후기구조주의자들의 교육적 연구를 뒷받침한다. 체리홈스(1988)는 권력을 "어떤 사람들은 위안을 얻고 보상을 받으며, 다른 사람들은 부정적으로 제재 받고 박탈당하게 하는 사회적·정치적·물질적 비대칭에 기반을 둔 개인이나 집단 간의 관계"(p. 5)라고 정의하였다. 이런 관점에서 학교에서의 권력은 위계적 사회 구조 내에서의 위치에 근거하여 어떤 학생들에게는 보상을 주고 어떤 학생들에게는 처벌을 내리게 한다. 예를 들어 체리홈스(1988)는 학교가 실증주의를 따르면서 보편적 가치라는 잘못된 생각을 전달한다고 주장하였다. 그는 보편적이라고 장려되는 가치는 힘 있는 사람들의 가치라고 주장하였다. 소위 보편적 가치를 도입하는 것은 이미 이러한 가치, 즉 부르디외와 파스롱(1977)이 문화자본이라고 불렀던 것을 이미 소유하고 있는 학생들에게는 특권을 부여하며, 다른 가치를 지닌 학생들에게는 불이익을 주게 된다. 명시적 교육과정의 내용 또한 권력관계에 얽매어 있다. 체리홈스(1988)는 합리적이고 객관적이며 선형적이라고 주장하는 메타내러티브나 담론에 초점을 맞추면 주류집단의 권력을 강화하게 된다고 주장하였다. 동시에 메타내러티브는 지식 형태, 내러티브 그리고 담론에서 제외된 사람들의 권리를 빼앗는다. 체리홈스(1988)는 객관성을 내세우는 고부담검사가 사실은 힘을 지닌 사람들을 반영한다고 주장하였다. 그는 구성타당도를 인정받은 검사가 객관적이라는 주장을 거부하면서, "구성타당도와 연구담론이 다른 담론들처럼 신념과 헌신, 명시적 이념, 암묵적 세계관, 언어체계와 문화체계, 정치와 경제, 그리고 권력 배치에 의해 만들어진다"(p. 106)고 주장하였다.

주류문화의 가치에 부합되는, 소위 "객관적"인 검사는 주류문화의 지식 형태나 가치에 익숙한 사람들에게는 이롭지만 하위문화에 속한 사람들에게는 그렇지 않다. 체리홈스(1988)는 권력자들이 검사나 표준화된 평가 방법을 객관적이며 구성타당도를 갖추었다고 인증하는 이유는 그들이 무엇이 객관성과 구성타당도를 구성하는지를 정의할 수 있는 힘을 가지고 있기 때문이며, 자신의 지배성과 권력을 유지하기 위해 이러한 시도를 한다고 주장한다. 후기구조주의이론가들은 교육자들이 소위 과학적, 객관적 지식 형태와 관행을 거부하도록 격려 받아야 하고, 비판적 실용주의자가 되어야 한다고 제안한다(Cherryholmes, 1988). 비판적 실용주의자들은 교육 장면에서의 권력관계를 잘 알고 있으며, 절대주의와 보편주의 그리고 교육에서의 과학적 방법을 거부한다. 비판적 실용주의자들은 다양한 측면과 다양한 인식론을 받아들이며, 인간관계에 항상 존재하는 모호성을 인정한다. 먼로(Munro, 1980)는 정치경제학적 체계의 변화 대신 촉진을 목표로 하는 기관에서 일하는 후기구조주의 교육자들은 변화의 주체가 됨으로써 현상 유지의 수호자로서의 자신들의 위치에 저항해야 한다고 주장하였다. 교사가 학생들을 탈구조화시키고, 의문을 제기하고, 이슈를 끄집어내라고 격려할 때, 현상 유지의 수호자로서의 자신의 위치에 맞서는 교육을 하는 것이며, 후기 구조주의 이론과 조화를 이루게 된다. 그렇게 해야 학교가 부정적인 권력의 인큐베이터에서 "다양화된 권력의 장(multiple sites of pow-er)"(Munro, 1998, p. 35)으로 이동할 수 있다.

분명히 사회정의 교육은 복잡하다. 논의된 이론들은 사회정의 교육의 특성을 지니고 있지만, 사회정의 교육은 여느 민주적 교육이론과 마찬가지로 억압을 드러내고 변화시키려고 한다는 점에서 수정이 가능하며, 열려 있다. 그럼에도 불구하고 사회정의 교육을 지향하는 이론들 간에는 두 가지 공통점이 있다. 하나는 교육기관이 현상을 유지하며, 주류집단 사람들을 지지하고 비주류집단 사람들을 주변화한다는 것을 인식하는 교육이라는 점이다. 다른 하나는 평등하고 사회적으로 정의롭기 위해서는 교육기관이 변화해야 함을 옹호하는 교육이라는 점이다.

교사교육을 위한 교훈

이 장에서는 사회정의 교육이론과 일치하는 이론들 중 일부를 탐색하였다. 또한 사회정의 교육에 기반을 두지 않았음에도 사회정의 교육처럼 보이는 다문화 이론들을 밝혔다. 이 장은 교사교육을 위한 교훈을 제공하는데, 그 첫째는 사회정의 교육을 구성하는 것이 무엇인가에 대한 것이다. 지배와 피지배의 문제를 드러내고, 사람들에게서 지배와 피지배를 제거함으로써 평등과 사회정의를 성취하고자 하는 것이다.

또한 이 장에서는 사회정의 교육의 복잡성을 밝혔다. 무엇이 사회정의 교육이며 무엇이 사회정의 교육이 아닌가를 밝힘으로써 교육자들이 그들의 학교나 대학의 교육과정과 프로그램을 검토하는 기회를 제공할 수 있다. 교육과정과 프로그램이 사회정의 교육과 일치하는가, 아니면 그렇지 않음에도 사회정의 교육으로 위장하고 있는가에 대해 의문을 제기하였다.

사회정의 교육이론들은 교사와 학생이 사회정의를 위해 싸우고 차별적인 정책과 관행을 개선하는 데 적극적으로 참여할 것을 독려한다. 예를 들어, 학생들은 사회의 계층적 불평등을 탐구하고 수업 프로젝트나 작업의 일부로서 불평등을 없애기 위해 노력하도록 격려 받는다. 영문학 수업을 예로 들면, 학생들은 해리포터(Harry Porter) 시리즈에서 젠더 구성이 어떻게 이루어졌는지를 검토할 수 있으며, 그 시리즈에서 소녀, 소년, 여성 그리고 남성의 역할에 의문을 제기할 수 있다. 학생들은 성적 취향과 장애에 기반을 둔 위계구조의 구축과 '정상화'를 탐구할 수도 있고, 인종불문주의의 숨은 맥락을 검토할 수도 있다. 학생들은 인물 분석을 통해서 그 시리즈에 숨겨진 억압의 이데올로기를 드러내고, 자신들이 발견한 부분을 밝히고 모든 사람들에게 우호적인 책을 발행하도록 작가나 출판사에 편지를 쓸 수 있다. 이러한 프로젝트는 소설 시리즈에 담겨 있는 억압적 구조와 관행을 드러내고 그러한 구조와 관행의 변화를 요청한다는 점에서 사회정의 교육의 준거를 충족한다.

사회정의이론들이 제공하는 또 하나의 교훈은 교실 내의 모든 학생들의 가치를 타당화하는 것의 중요성이다. 주류집단과 비주류집단에서 경험과 지식을 형성한 학생들은 명시적 교육과정과 암묵적 교육과정에서 평등하게 타당화될 필요가 있다. 학생들의 삶의 여정에서 드러난 모든 측면을 수용하는 것은 오로지 정신에만 초점을 두라고 요구하면서 피부색, 성 역할, 언어, 사회경제적인 측면은 고려하지 않는 NCLB[10]와 RTTT[11]의 상황에서 훨씬 더 중요하다. 시험에 초점을 두고 학생들의 상황적 정체성을 무시하는 교육은 사회정의를 위한 교육이 될 수 없다. 교실에서 교사는 몇 가지 방법에 의해 인지적/정서적 이원론을 피할 수 있다. 예를 들어, 테크놀로지가 어떻게 어떤 사람들에게 특권을 부여하고, 어떤 사람, 특히 개발도상국가에 있는 여성과 일반적으로 가난한 사람들에게는 불이익을 주는지를 탐색하는 것이다. 학생들이 아이패드, 아이팟, 아이폰을 사용할 때, 이러한 장치들이 어떻게 만들어지고, 누가 만들었으며, 그것들로부터 누가 혜택을 보는지, 누가 혜택을 받지 못하는지 등을 검토하는 프로젝트는 인지와 정서의 단절을 피해가는 하나의 방법이 될 것이다. 환경오염과 환경인종차별주의에 대해 지역적·세계적 맥락에서 탐구하면서 학생들은 정치가들에게 자신들의 탐구결과를 알리고, 첨단기술 기기 제조사들에게 공정한 임금을 지불하라고 요구함으로써 사회정의를 옹호하며, 환경오염을 감소시키고 환경인종차별주의를 끝내라고 요구할 수 있을 것이다.

결론적으로, 이 장은 사회정의 교육과 공통적으로 관련된 이론들의 예시를 제공하였다. 또한 이 장은 교사가 어떻게 사회정의 교육을 지향하는 이론과 실천들을 확인하고 사회정의 교육에 맞는 교육과정을 실천할 수 있는지에 대한 준거들을 설명하였다.

....

10 No Child Left Behind는 한 명의 어린이도 낙오시키지 않겠다는 2002년부터 시작된 학습부진아대책법의 슬로건이다.

11 Race to the Top. 최고를 향한 경쟁. 연방정부 교육기금 중 하나로 K-12교육개혁을 위해 3억5000만 달러(약 5조원)로 조성된 이 기금은 획기적인 교육개선안을 내놓은 주정부를 대상으로 입찰 후 심사해 지급되었다(2009년 발표).

1 당신은 사회정의 교육이론이 수학, 과학 과목들과 관련이 있다고 생각하는가? 왜 그렇게 생각하는가? 아니라면 왜 관련이 없다고 생각하는가?

2 당신은 수학 과목의 단원에서 사회정의 교육을 지향하는 예를 들 수 있는가? 과학 과목에서는 어떠한가?

3 많은 교사들은 NCLB와 RTTT 같은 외부의 요구 때문에 더 이상 사회정의 교육에 참여할 수 없다고 주장한다. 이 문제에 대한 당신의 견해는 어떠한가?

4 슬리터와 그랜트(1988)의 다문화교육 접근 유형을 고려할 때, 당신은 유치원부터 고등학교까지 어떤 접근에 노출되었는가?

5 사회정의 이론을 실천하기 위해 당신 스스로 어떻게 변화하고자 하는가?

참고문헌

Adams, Bell, & Griffin, P. (2007). *Teaching for diversity and social justice*. NY: Routledge.

Anyon, J. (1980). Social class and the hidden curriculum of work. *Journal of Education, 162,* 67–92.

Banks, J.A. (Ed.). (1996). Multicultural education, transformative knowledge, and action: Historical and contemporary perspectives . New York: Teachers College Press.

Au, K., & Jordan, C. (1981). Teaching reading to Hawaiian children: Finding a culturally appropriate solution. In H. Trueba, G. Gurthie, & K. Au (Eds.), *Culture and the bilingual classroom: Studies in classroom ethnography* (pp. 69–86). Rowley: Newbury House.

Banks, J.A. (1997). *Teaching strategies for ethnic studies* (6th ed.). Boston: Allyn and Bacon.

Banks, J.A. (2008). *An introduction to multicultural education*. Boston: Pearson Education.

Banks, J.A., & Banks, Mc Gee (Eds.). (2009). *Multicultural education: Issues and perspectives*. New Jersey: Wiley.

Bartolome, L.I. (1994). Beyond the methods fetish: Toward a humanizing pedagogy. *Harvard Educational Review, 64*(2), 173–194.

Bell, L.A. (2007). Theoretical foundations for social justice education. In M. Adams, L.A. Bell, & P. Griffin (Eds.), *Teaching for diversity and social justice*. NY: Routledge.

Bourdieu, P., & Passeron, J.C. (1977). *Reproduction in education, society, and culture*. Thousand Oaks: Sage.

Cherryholmes, C. (1988). *Power and criticism: Poststructuralist investigations in education*. New York: Teachers College Press.

Chomsky, N. (2000). *Rogue states: The rule of force in world affairs*. London: Pluto Press.

DeMarrias, K.B., & LeCompte, M.D. (1995). *The way schools work: A sociological analysis of education* (2nd ed.). White Plains: Longman.

Florence, N. (1998). *Bell hooks' engaged pedagogy: A transgressive education for critical consciousness*. NY: Bergin and Garvey.

Fordham, S., & Ogbu , J. (1986). Black student's school success: Coping with the "burden of 'acting white'". *Urban Review, 18,* 176–206.

Foucault, M. (1977). *Discipline and punish: The birth of prison*. (A. Sheridan, Trans.). New York, NY: Random House, Inc. (Original work published 1975).

Foucault, M. (1980). *Power and knowledge: Selected interviews and other wrings*. NY: Random House.

Foucault, M., & Raulet , G. (1983). Structuralism and post-structuralism: An interview with Michel Foucault. *Telos, 55*, 195–211.

Freire, P. (1970). *Pedagogy of the oppressed*. NY: Continuum.

Freire, P. (1973). *Education for critical consciousness*. NY: Continuum.

Freire, A.M.A., & Freire, P. (1992). *Pedagogy of hope: Reliving pedagogy of the oppressed*. New York: Continuum.

Gay, G. (2001). Preparing for culturally responsive teaching. *Journal of Teacher Education, 53*(3), 105–116.

Giroux, H.A. (1988). *Teachers as intellectuals: Toward a critical pedagogy of learning*. Westport: Bergin & Garvey Publishers Inc.

Giroux, H.A. (1994). *Disturbing pleasures: Learning popular culture*. New York: Routledge.

Gramsci, A. (1971). *Selections from the prison notebooks*. New York: International Publishers.

Greene, M. (1996). *Releasing the imagination*. San Francisco: Jossey-Bass.

Hirsch, E.D., Kett, J.F., & Trefil, J.S. (1988). *Cultural literacy: What every American needs to know*. NY: Random House.

Hooks, B. (1994). *Teaching to transgress: Education as the practice of freedom*. NY: Routledge.

Ladson-Billings, G. (1995). But that's just good teaching: The case for culturally relevant pedagogy. *Theory into Practice, 34,* 4.

Lankshear, C., & McLaren, P.L. (Eds.). (1993). *Critical literacy: Politics, praxis, and the postmodern.* Albany: State University of New York Press.

Lather, P. (1991). *Getting smart: Feminist research and pedagogy with/in the postmodern.* NY: Routledge .

Leistyana, P. (1999). *Presence of mind: Education and the politics of deception.* Boulder: Westview Press.

Martin, S.P. (1993). The problem of multicultural education: Back-ground, defi nitions and future agenda. *Multiculutral Education Journal, 11*(2), 9–20.

McLaren, P. (1995). *Critical pedagogy and predatory culture: Opposi-tional politics in a postmodern age.* NY: Routledge.

Morrow, R.A., & Torres , C.A. (1995). *Theory and education: A critique of theories of social and cultural reproduction.* Albany: State Uni-versity of New York Press.

Munro, P. (1998). *Subject to fiction: Women teacher' life history narra-tives and politics of resistance.* NY: Open University Press.

Mthethwa-Sommers , S. (2012). Déjà vu: Dynamism of racism in poli-cies and practices aimed at alleviating discrimination. In C. Clark, K. Fasching-Varner, & M. Brimhall-Vargas (Eds.), *Occupying the academy: Just how important is diversity work in higher educa-tion.* New York: Rowman & Littlefield.

Ravitch, D. (1995). *National standards in American education: A citi-*

zen's guide. Washington: Brookings Institute.

Parsons, T. (1961). *Theories of society: Foundations of modern sociological theory.* NY: The Free Press of Glencoe Inc.

Schlesinger, A. (1991). *Disuniting of America: Reflections on a multicultural society.* NY: WW Norton.

Spring, J. (1997). *American education.* NY: McGraw Hill.

Shor, I., & Friere, P. (1987). *A pedagogy for liberation: Dialogues on transforming education.* Westport: Bergin & Garvey Publishers Inc.

Sleeter, C.E., & Grant, C. (1987). An analysis of multicultural research in the United States. *Harvard Educational Review, 57*(4), 421–445.

Sleeter, C.E., & Grant, C. (1988). Race, class, and gender, and abandoned dreams. *The Teachers College Record, 90*(1), 19–40.

Sleeter, C.E., & Grant, C. (1994). *Making choices for multicultural education: Five approaches to race, class and gender.* Englewood Cliffs: Prentice Hall.

Suzuki, B.H. (1984). Curriculum transformation for multicultural education. *Education and Urban Society, 16,* 294–322.

Villegas, A.M. (1988). School failure and cultural mismatch: Another view. *Urban Review, 20,* 253–265.

3장

사회정의 교육자들

이 장에서는 연구에 참여한 사회정의 교육자들을 자세히 소개한다. 연구 참여자들이 사회정의 교육에서 이루어낸 성과를 기술하고, 그들이 이 연구에 참여하게 된 이유를 설명한다. 이 장은 다음의 질문들에 답한다. 사회정의 교육자들에게는 특정 성향이 있는가? 무엇이 사회정의 교육자들이 그 일을 선택하도록 만들었는가? 그들이 사회정의 과업에 참여하게 된 경로는 무엇인가? 가장 중요하게 이 장에서는 사회정의 교육이 선택된 소수를 위한 것이 아니라 모두를 위한 것임을 밝히기 위해 참여자들의 다양한 배경을 보여준다. 이 장의 끝부분에 있는 성찰질문은 독자들이 자신의 교육적 여정에 대해 생각하게 한다.

핵심 용어

아귈라, 안드르제쥬스키, 베일리, 카넬라, 다니엘 타텀, 코펠만, 쿠마시로, 니에토, 오오카 팡, 포한, 슬리터이 장에서는 연구 참여자들의 가족, 사회계층 배경, 인종 정체성 및 성적 취향에 대한 정보를 소개한다. 또한 참여자들이 사회정의 교육을 추구하면서 이룬 업적들을 조명한다.

1 사회정의 교육자들

테레지타 아귈라는 텍사스 출신이며, 중년의 멕시코계 미국인 여성이다. 그녀와 여덟 형제를 낳고 길러준 부모는 고등학교를 졸업하지 못했다. 그녀는 스스로의 사회계층적 배경을 '가난한 노동계층'이라고 밝힌다. 연구 당시 아귈라는 캘리포니아주 포모나에 있는 캘리포니아 폴리테크닉 주립대에서 사범대학 및 통합 연구 센터의 부학장을 역임하고 있었다. 이러한 행정직을 맡기 전에는 링컨에 있는 네브래스카 대학의 다문화교육 교수였다. 그녀는 미국 남서부의 여러 대학에서 가르쳤다. 아귈라의 저술과 교육 실무는 억압적인 관행과 정책을 드러내고 변화를 추구한다는 점에서 사회정의 교육의 정의와 일치한다.

그녀의 출판물에는 「교차문화적 역량을 증진시키기 위한 문화 몰입 경험(A cultural immersion experience to enhance cross-cultural competence)」, 「개인적 전문적 맥락에서의 다양성에 대한 교육자의 신념 측정(Measuring Educators' Belief About Diversity in Personal and Professional Contexts)」과 같이 널리 인용되는 논문들이 포함된다. 이러한 논문에서 사회정의 교육을 향한 첫 단계로 다양성에 대한 예비교사의 신념을 검토하는 것의 중요성에 대해 다루고 있다. 그녀는 저서에서 주류문화 출신의 학생들은 그들이 공부하길 원하는 문화에 단순히 노출되는 것이 아니라 전적으로 몰입함으로써 도움을 얻을 수 있다고 주장한다. 토록(Torok, 2000)과 함께 저술한 다양성 이슈에 대한 교육자의 신념에 대한 연구에서는 교육자의 신념이 여전히 대부분 고정관념을 바탕으로 한다고 보고하였다. 그들은 교육자들이 자기를 성찰하여 제도화된 차별의 뿌리가 되는 문화적 편견을 근절하는 방향으로 나아가야 한다고 촉구한다.

교육 및 연구와는 별개로, 아귈라는 인종차별주의와 차별에 맞서는 시민, 치카노 인식 센터, 히스패닉 지역사회 센터 등과 같은 사회적 불평등을 근절하기 위해 노력하는 다양한 지역사회 단체들에 참여하고 있다. 그녀는 지역사회 활동으로 인해 인정받고 있으며, 네브래스카 대학에서 유색인을 위한 환경 개선에 기여한 공로를 인정받아 네브래스카 대학 총장위원회상을 수상하였다. 아귈라에게 사회정의 교육은 "사회정의, 그리고 동등(equality)보다는 평등(equity)의 개념에 완전히 헌신하는 것을 의미한다." 그녀에게 사회정의의 개념은 다른 사람들의 특권을 박탈하여 어떤 사람에게 특권을 주는 것에 대해 저항하는 것을 의미한다.

줄리 안드르제쥬스키는 워싱턴주 타코마(Tacoma) 출신의 중년 백인 여성이다. 그녀는 미네소타에 있는 세인트 클라우드 대학(St. Cloud University)에서 30년 넘게 교육 분야 교수로 재직하고 있다. 안드르제쥬스키의 어머니는 집 안팎에서 일하였으며, 아버지는 집 밖에서 일했다. 그녀는 자신의 사회계층 배경을 노동계층이라고 진술하였다. 안드르제쥬스키는 세인트 클라우드 대학 여성센터의 창립자 중 한 사람으로 알려져 있으며, 동성애 관계에 있는 사람들의 주변화에 대한 국가적 관심을 불러일으킨 '자유로운 샤론 코왈스키 전국위원회(National Free Sharon Kowalski Committee)'를 설립한 사람들 중 한 명이다. 그녀가 샤론 코왈스키[12]의 이

---

12 샤론 코왈스키가 자동차 사고로 인한 장애로 무능력해진 후 법적 보호자로 레즈비언인 파트

야기에 대해 공동저술한 책은 뉴욕타임즈의 베스트셀러였다.

안드르제쥬스키는 자신이 근무하는 기관에서 유색인 교수의 수를 늘리는 데 중요한 역할을 하였다. 그녀는 교수연합회 대표와 세인트 클라우드 대학 고충처리 책임자 지위에 있으면서 유색인 교수진의 고용을 옹호할 수 있었다. 그녀의 저술은 레즈비언, 양성애자, 게이, 트랜스젠더, 그리고 LBGTI 사람들을 위한 사회정의 옹호에서부터 환경적 사회정의까지를 아우른다. 그녀의 책 중에는 억압과 지배의 문제를 다룬『억압과 사회정의(Oppression and Social Justice)』, 사회정의와 환경정의의 연관성에 대한 인식을 높이는『사회정의, 평화 그리고 환경교육: 전환적 기준들(Social Justice, Peace, and Environmental Education: Transformative Standards)』이 있다. 안드르제쥬스키에게 사회정의 교육은 "사람들이 자신과 다른 사람들의 이익, 지구의 보존에 반하는 신념체계를 형성하는 현실을 탐구하고 교묘한 조작을 드러내는 것이다. 사회정의 교육은 사람들이 자신의 삶과 공동체를 바꾸고 세상을 더 나은 곳으로 변화시키는 데 기여할 수 있도록 지식과 기술을 가르치는" 것이다.

이 연구가 진행되던 시기에 노마 베일리는 센트럴 미시간 대학교(Central Michigan University)에서 중등교육 교수직을 맡고 있었다. 베일리는 자신을 미시간 주 트래버스시에 있는 노동자 계층에서 성장한 중년의 백인 레즈비언 여성이라고 밝혔다. 그녀가 출간한 저서에는 교사 교육에 다양성 과정을 포함시키는 것을 옹호하는 학술논문과 챕터가 포함되어 있다. 베일리가 발표한 연구들에서는 특히 중등교육에서 반인종차별주의, 반성차별

....

너를 지정했던 미네소타 법원 재판소 사건이다. 이 사건에서 코왈스키의 부모와 가족의 반대로 초기에 몇 년 동안 레즈비언 파트너는 코왈스키를 방문할 수 없었기 때문에 법적 보호자로 인정된 것은 동성애자의 권리를 얻기 위한 승리로 받아들여졌다.

주의, 반이성애주의, 반계층주의 교육을 실시하는 것의 중요성을 강조하였다. 베일리는 평등한 기회에 대한 옹호로 센트럴 미시간 대학교에서 수여하는 '적극적 우대조치 상(Affirmative Action award)'을 포함하여 미시간주의 '올해의 교육자 상'을 비롯한 수많은 수상을 통해 사회정의 옹호의 공로를 인정받았다. 학계에 합류하기 전에 베일리는 20년 동안 중학교 교사로 일하였다. 베일리에게 사회정의 교육자가 된다는 것은 "나의 중요한 목표는 교사가 모든 아이들 각각에게 엄청난 다양성이 존재한다는 것을 이해하도록 만드는 것이다. 그렇지 않으면 교사는 학생들을 8학년으로만 보게 된다. 비록 내가 그들에게 이 이슈를 강요할 수 없지만, 나는 우리 모두가 사회를 변화시켜서 더 나은 곳을 만들고, 우리 아이들을 위해 사회정의와 평등을 얻도록 노력할 책임이 있다고 믿는다."는 것을 의미한다.

게일 카넬라는 자신의 조상을 영국인 이주자라고 밝히면서 자신을 백인 미국인 이성애자라고 소개하였다. 그녀는 테네시주에서 태어나고 자랐다. 그녀는 성장기에 중산층으로 자랐다고 진술하였다. 이 연구에 참여할 당시 카넬라는 텍사스 A&M 대학의 교수였으며, 다양성 및 다문화교육 강좌를 가르치고 있었다. 그녀는 사회정의 실현을 요구하는 저서들을 출판하였다. 카넬라는 자신을 자원 분배와 사람들에 대한 보편적인 처우에 있어서의 공평성과 형평성이라는 사회정의 이상을 달성하기 위해 노력하는 개인으로 인식하였다.

비벌리 다니엘 타텀은 현재 스펠만 대학의 총장을 맡고 있는 아프리카계 미국인 여성이다. 연구 당시 그녀는 마운트 홀리요크 대학의 학장이었다. 그녀는 자신을 이성애자 여성으로 밝혔다. 매사추세츠 주에서 전문직 종사자인 부모 밑에서 자라난 그녀는 자신의 사회계층 배경을 중상류층으로 분류했다. 다니엘 타텀은 인종차별주의에 대한 대화에 참여시키기 위해 전 미국 대통령인 클린턴에 의해 추대된 국가사회정의 옹호자들 중 한 명이었다. 그녀가 출간한 저서에는 인종과 교육의 영향에 관한 연구물들이 포함된다. 그녀가 집필한 유명한 책인『왜 구내식당에서 모든 흑인 아이들은 함께 앉아 있는가?(*Why Are All The Black Kids Sitting Together in the Cafeteria?*)』는 집단 정체성과 구성원 의식의 중요성에 초점을 맞추고 있다. 다니엘 타텀은 사회정의 교육에 기여한 공로를 인정받아 다양한 기관으로부터 수많은 상을 받았다. 다니엘 타텀에게 있어 사회정의 교육자가 된다는 것은 "체계적인 억압을 중단하기 위해 교육자로서 자신의 목소리를 내려고 노력하는 것이며, 이는 인종차별주의, 계층차별주의, 성차별주의, 동성애차별주의, 반유대주의와 같은 '이즘'들이 어떻게 작동하는지 알려주는 것을 포함한다. 비록 그동안 대부분의 시간을 인종차별주의에 대해 이야기해 왔지만, 그것이 유일한 '이즘'은 아니다. 그래서 학생들이 이러한 '이즘'이 무엇이며, 어떻게 작용되는지, 궁극적으로 어떻게 중단될 수 있는지를 이해하도록 도와야 한다."는 것을 의미한다.

켄트 코펠만은 백인 이성애자 남성이다. 연구 당시에 코펠만은 20년 이상 사회정의 이슈를 교육해 온 라 크로스 소재 위스콘신 대학교(University of Wisconsin-La Crosse)의 사범대 교수였으며 지금은 은퇴하였다. 코펠만은 네브래스카의 작은 마을에서 가정주부였던 어머니와 트럭 운전사였던 아버지 밑에서 자랐다. 그는 자신이 가난한 노동계층에서 자랐다고 진술하였다. 코펠만은 위스콘신주 인간관계집단(Human Relation Group)의 설립자 중 한 사람이며, 아이오와주 인간관계집단의 설립을 도왔다. 그의 저서 중『다양성에 대한 위대한 토론: 학교와 사회에서 다원주의 포용하기(*The Great Diversity Debate: Embracing Pluralism in School and*

Society)』와 『삶의 핵심적 가치(*Values in the Key of Life*)』는 미국 내 다양성 담론의 뿌리가 되었으며, 사회정의 달성을 위한 핵심 개념을 다루고 있다. 코펠만에게 사회정의 교육자가 된다는 것은 "나는 사회 내부에 존재하는 억압의 본질을 현실적인 방법으로 학생들에게 알리기 위해 노력해 왔다. 억압으로부터 누가 혜택을 얻고 있으며, 누가 대가를 치루고 있는지, 어떻게 그런 일들이 일어나고 있는지를 알려왔다. 특히 억압이 의지의 문제나 단지 소수의 사람들이 비열한 짓을 하고 있는 것이 아니라는 것, 즉 사회 구조의 문제라는 것을 강조한다"는 의미를 갖고 있다.

케빈 쿠마시로는 자신을 일본계 미국인이며 양성애자라고 밝혔다. 하와이 출신인 어머니는 전직 교사인 가정주부였고, 아버지는 사업가였다. 그는 어린 시절의 사회경제적 배경을 '중산층'이라고 진술하였다. 연구 당시 쿠마시로는 베이츠 대학의 교수였다. 그는 현재 시카고에 있는 일리노이 대학교에서 가르치고 있으며, 반억압교육센터를 총괄하고 있다. 그의 저서에는 『불량 교사!(*Bad Teacher!*)』, 『상식의 유혹(*The Seduction of Common Sense*)』, 『사회정의를 위한 교육 시리즈 (*The Teaching for Social Justice Series*)』 등이 있다. 『사회정의를 위한 교육』에서 일부 학생에게는 성공을 촉진하지만 다른 학생들에게는 실패를 독려하는 구조적인 불평등을 다루는 대신에 교사들의 잘못을 찾아내는 현재의 담론이 오류임을 밝혔다. 쿠마시로는 사회정의 활동 특히 위스콘신주 매디슨에서 이성애우월주의 교육과정과 LGBTI 이슈에 대한 침묵의 위험성에 대해 학교위원회에 발표하면서 인정받아 왔다. 그는 현재 미국다문화교육자협회(NAME; National Association for Multicultural Educators)의 회장을 맡고 있다. 쿠마시로에게 사회정의 교육은 "교사들이 학생들과 어떻게 상호작용하는가? 교사와 학생 사이 그리고 학생들 간에 어떤 상호작용이 장려되고, 어떤 상호작용이 금지되는가? 예를 들어, 우리는 차별적 행동을 막고 있는가? 우리는 괴롭힘을 방지하고 있는가? 우리는 공평하고 공정하게 학생들을 대하고 있는가? 우리가 배운 것을 자신의 삶과 연결시키려고 노력하고 있는가?"와 같은 중요한 질문을 던지는 것을 의미한다.

소니아 니에토는 메사추세츠 대학교 애머스트 캠퍼스의 명예교수이다. 그녀는 자신을 푸에르토리코계 미국인이며, 이성애자 여성이라고 밝혔다. 그녀의 어머니는 전업주부였고, 그녀의 아버지는 푸에르토리코 음식을 파는 작은 식료품 잡화점을 운영하였으며, 두 형제가 있었다. 니에토의 부모님은 고등학교를 졸업하지 않았다. 그녀는 자신의 성장기 사회경제적 배경을 노동자 계층이라고 진술하였다.『다양성의 인정: 다문화교육의 사회정치적 맥락(*Affirming Diversity: The Sociopolitical Context of Multicultural Education*)』,『그들의 눈빛: 다문화 학습 공동체 만들기(*The Light in Their Eyes: Creating Multicultural Learning Communities*)』, 그리고『우리는 왜 가르치는가(*Why We Teach*)』등과 같은 니에토의 방대한 저서에서는 교육자들이 학생들의 차이를 결핍이 아닌 긍정적인 특성으로 인식하도록 옹호하였다. 니에토의 사회정의 교육 활동은 수많은 수상을 통해 인정받았다. 니에토는 "사회정의 교육은 다양성에 대한 관심, 인정, 희망적인 혁신적 접근 등을 포함한 많은 다른 것들을 아우른다. 어떤 의미에서 그것은 대부분 반복되어야만 한다. 교육자로서 우리가 사회정의에 대해 그리고 사회정의를 위해 존재해야 한다는 것이 분명하다"라고 주장한다.

발레리 오오카 팡은 자신을 일본계 미국인이자 이성애자 여성이라고 밝힌다. 그녀는 일곱 자매의 장녀다. 그녀는 전업주부였던 어머니와 사업가였던 아버지 밑에서 자랐으며, 성장기의 가족 배경에 대해 낮은 사회경제적 계층으로 분류하였다. 연구 당시 오오카 팡은 샌디에이고 대학의 교수였다. 그녀의 저서에는 『다문화교육: 돌봄 중심 접근(*Multicultural Education: A Caring Centered Approach*)』이라는 독창적인 책이 있다. 그녀의 연구에서는 교실과 학교에서 사회정의 교육을 달성하기 위한 전략에 대해 서술한다. 또한 아시아계 미국인 학생들을 단일체로 취급하는 위험성에 대해 광범위하게 연구하고 저술하였다. 오오카 팡은 사회정의 교육 분야에서의 뛰어난 업적을 인정받아 여러 기관에서 수상하였다. 오오카 팡에게 있어 사회정의 교육자가 된다는 것은 "사회적으로 정당한 사회를 만들기 위해 아이들과 교사들을 가르치는 것이다. 사회정의 교육은 반드시 모델링을 통해야만 한다. 교사들은 교복을 입지 않으면서 학생들이 교복을 입어야 한다면, 아이들이 받지 못하는 커피 잔을 교사만 받아온다면, 교사는 줄을 설 필요가 없지만 아이들은 모두 줄을 서야 한다면, 고등학생들이 주차 공간을 찾느라 애를 쓰는 동안 교사들은 쉽게 주차할 수 있다면 그 목표를 이루는 것은 매우 어렵다."라는 의미를 갖는다.

캐시 포한은 자신을 아르메니아계 미국인이며, 레즈비언 여성이라고 밝혔다. 연구 당시 그녀는 캘리포니아주 샌디에이고 대학의 부교수였다. 포한의 어머니는 경리였고, 아버지는 타일시공 하청업자였다. 그녀의 부모는 모두 고등학교에 입학하기는 했지만 졸업하지는 못했다. 그녀는 자신을 노동계층 출신으로 분류하였다. 포한은 역사적으로 소외된 집단의 발전을 위해 일하는 기관들과 긴밀히 협력하는 지역사회 활동을 펼쳤다. 그녀는 저서에서 교육과정 내에 피지배 집단을 포함시킬 것을 요구하였다. 포한은 「다양성에 대한 예비교사들의 신념(Preservice Teachers' Beliefs about Diversity)」이라는 논문에서 교사교육 프로그램은 미래 교사들이 갖고 있는 유색인과 LGBTI에 대한 신념에 도전해야 한다고 지적하였다. 포한에게 있어서 사회정의 교육자는 "교육체계 안의 평등의 문제에 대해 많은 관심을 갖는 사람이다. 다양한 방법으로 교실 내에서 행해질 수 있는 평등의 실행가능성을 조사하고, 다양한 인종 및 언어적 배경을 가진 학생들에게 다가가며, 학교 내에 정착된 정책들을 살핀다."라는 의미를 갖는다.

크리스틴 슬리터는 매사추세츠 대학교 애머스트 캠퍼스의 명예교수이다. 슬리터는 자신을 낮은 사회경제적 계층 출신의 백인 이성애자 여성이라고 밝혔다. 그녀는 생애 후반부에 자신이 겨우 6살 때 아버지가 돌아가신 후로 어머니가 생계를 꾸려나가기 위해 애썼다는 사실에 대해 알게 되었다. 그녀가 출간한 광대한 기록들 중에는 『문화적으로 반응적이며 관계에 기반한 교육을 위한 전문적 발전(*Professional Development for Culturally Responsive and Relationship-based Pedagogy*)』이 포함되며, 민주주의 국가의 사회정의 이상을 실현하기 위해 다문화교육의 중요성을 다루는 많은 책과 논문이 포함된다. 슬리터는 사회정의 옹호자로 널리 알려져 왔고 많은 상을 받았다. 슬리터에게 있어서 사회정의 교육자가 된다는 것은 "사회정의 교육이 완전하지도 절대적이지도 않음을 아는 것이며, 이는 끊임없이 진화한다는 것을 깨닫는 것"을 의미한다.

이 장에서는 연구를 위해 인터뷰한 사회정의 교육자들의 약력에 대해 간략하게 기술하였다. 또한 이 장에서는 왜 이 사회정의 교육자들이 연구 참여자로 선정되었는지에 대한 이론적 근거를 제공하였다.

1 당신은 사회정의 교육자의 인종, 사회계층 및 성적 정향의 배경에 대해 무엇을 알게 되었는가? 이러한 정보를 토대로 누가 사회정의 교육자가 될 수 있고 될 수 없는지에 대해 어떤 결론을 내릴 수 있는가? 당신의 사회경제적 지위, 인종, 젠더, 성적 취향 같은 배경은 사회 불평등과 사회정의 교육의 필요성에 대해 무엇을 가르쳐 주었는가?

2 사회정의 교육자들은 사회정의 교육의 의미를 제시하였다. 이러한 정의의 공통점은 무엇인가? 어떤 차이점이 있는가? 사회정의 교육자들의 정의는 이 책의 도입부에서 제시한 이론들과 어떻게 일치하는가?

3 모든 사회정의 교육자들은 지역사회 단체에 참여하고 있다. 왜 이 점이 사회정의 교육에 있어서 중요하다고 생각하는가? 당신에게 사회정의 교육은 무엇을 의미하는가?

참고문헌

Aguilar, T.E., & Torok, C.E. (2000). Changes in pre-service teachers' knowledge and beliefs about language issues. *Equity & Excellence in Education, 33*(2), 24–31.

개인적 영향

이 장에서는 참여자들이 어린 시절에 경험한 가족 구성원과 또래와의 상호작용이 사회정의 교육자로서의 정체성 형성에 미친 영향을 설명하였다. 사회계층, 인종, 종교, 신념 및 가치관의 측면에서 다양한 형태의 가족이 있음을 보여준다. 반드시 사회정의를 지향하는 부모나 가족 구성원에 의해 길러져야만 사회정의 교육자가 되는 것은 아니라는 점을 강조한다. 또한 참여자들을 사회정의 교육으로 이끄는 데 중추적인 역할을 한 가족 구성원 및 또래와의 상호작용에 대해 보여준다. 이 장의 끝에 있는 성찰질문은 독자들이 어린 시절에 경험했을지도 모를 사회정의 이슈의 영향에 대해 깊이 생각하도록 초대한다.

사회정의 모델링, 가족 영향, 또래 영향, 정체성 발달, 사회정의 교육자의 특징

무엇이 사람들로 하여금 자신의 일을 하도록 만드는가? 사람들은 자신의 직업을 어떻게 선택하는가? 무엇이 사람들을 특정 이념에 헌신하게 만드는가? 마틴 루터 킹 주니어(Martin Luther King Jr.), 넬슨 만델라(Nelson Mandela), 소저너 트루스(Sojourner Truth)[13], 수전 앤서니(Susan B. Anthony)[14], 마하트마 간디(Mahatma Ghandi)와 같은 사회정의를 지향했던 사람들의 삶에서, 무엇이 그들의 삶이 위험에 처해 있을 때에도 사회정의를 지지하도록 만들었을까? 그들은 다른 사람보다 더 우월한 도덕적 기준을 가지고 있었을까? 그들은 다른 사람들보다 더 성스러운 사람이었을까? 넬슨 만델라가 남아프리카 공화국의 인종격리정책인 아파르트헤이트에 대항해 싸우다가 석방되었을 때, 그는 자주 공개적으로 자신이 성자가 아님을 분명히 했으며, 사람들이 자신의 사회정의에 대한 헌신을 성스러움으로 오해해서는 안 된다고 주장하였다. 그러나 여전히 무엇이 그를 포함한 다른 이들이 이념적으로 옳았음을 확신하도록 만들었는가에 대한 의문이 남는다. 연구에 참여한 사회정의 교육자들에게도 똑같은 질문이 제기되었다. 특히 근본적으로는, 사람들이 민주적인 세상에서 생존할 수 있도록 성장시키는 데 헌신하는 교육 분야조차도 결국에는 이윤을 낼 수 있는가 그렇지 않은가에 의해 평가받는 고도의 자본주의적 맥락 속에 있는데, 그들은 왜 사회정의를 가르치는 데 그토록 열중하였는가? 무엇이 사회정의 교육자들이 사회정의를 가르치게 만드는가? 에릭슨(Erickson, 1950)과 다른 정체성 발달 이론가(Schwartz et al., 2013)들은 우리에게 인간의 정체성은 그가 경험한 수많은 외부 경험에 의해 형성된다는 것을 상기시켜 준다. 사

....

13 (1797~1883) 19세기 미국에서 활동한 노예 출신의 아프리카계 미국인으로 노예제 폐지론자이자 여성인권운동가이다.
14 (1820~1906) 미국의 여성 참정권·노예제도 폐지 운동가이다. 여성으로는 처음으로 미국 대통령 선거 투표를 하였으며, 이로 인해 이후 100달러의 벌금을 물게 된다.

회정의 교육자들은 개인적, 대리적, 전문적 경험을 포함한 수많은 경험들이 자신들에게 영향을 미쳤다고 말하였다. 가족 구성원과 친구, 또래로부터 받은 부정적 또는 긍정적인 경험들이 그들에게 영향을 미쳤다.

1 가족의 영향

연구에 참여한 모든 사회정의 교육자들은 사회정의에 대한 개념을 갖는 데 가족이 큰 영향을 미쳤다고 언급하였다. 예를 들어, 아퀼라는 자신의 부모, 조부모, 증조모, 삼촌, 숙모, 형제들이 자신의 삶에서 매우 중요한 역할을 했으며, 사회정의 교육에 대한 그녀의 관심을 키워주었다고 보고하였다. 그녀의 부모는 자녀들이 교육을 받도록 격려하였다. 비록 아버지는 5학년까지, 어머니는 11학년 1학기까지만 교육을 받았지만 교육에 가장 중점을 두었다. 아퀼라는 그녀의 부모가 교육의 가치를 가장 중요하게 생각하고 가르쳤을 뿐만 아니라 학교에서 적극적이었으며, 그녀와 형제들을 옹호했다고 말한다. 아퀼라는 차별에 대항하는 것의 중요성에 대해 가르쳐준 교훈으로 다음의 이야기를 들려주었다.

> 우리는 텍사스 중부에서 자랐고 그곳은 지금도 꽤 많은 차별이 계속되는 곳이에요. 예를 들어 몇몇 선생님과 관리자들은 이름이 아퀼라이기 때문에 우리가 영어를 말할 수 없거나 영어가 모국어가 아닐 것이라고 가정하곤 했어요. 그래서 우리 엄마는 학부모/교사 면담 시간이나 학부모교사모임 PTA[15]에 가서 우리가 받았던 차별적인 관행에 대해 교사들에게

---

15   Parent-Teacher Association.

도전하곤 했어요. 간단한 예를 하나 들어드릴게요. 2학년 때 일이었는데 선생님께 작은 숙제들을 받았어요. 선생님은 항상 숙제에 "탁월함", "우수함", "뛰어남"이라고 썼죠. 그리고 시간이 흘러서 성적표를 받았는데 영어과목이 B였어요. 집으로 성적표를 가져갔어요. 나는 왜 이 점수를 받았는지 의아했기 때문에 집으로 성적표를 가져가는 게 긴장이 되었어요. 엄마가 성적표를 보고 "이게 뭐야?"라고 말했고, 나는 "모르겠어요."라고 대답했어요. 나는 사실 선생님이 무서웠어요. 우리는 알파벳순으로 앉았는데 나는 선생님 코앞에 앉아야 했어요. 내가 앉은 자리에서 보면 선생님이 자기 마음대로 교실에서 학생을 고른 다음에 창고로 불러서 때리는 것 같았어요. 그때는 아이들을 때리는 게 허용되는 시대였거든요. 내 자리에서 보면 무작위적인 과정처럼 보였어요. 그래서 나는 "좋아. 선생님은 우리를 마음대로 고르니까 숨도 쉬지 말자"라고 결심했죠.

엄마는 성적을 보고 교장과 교사를 만나기로 했어요. 그리고 나는 겁에 질려서 "아니야. 엄마는 그러지 않을 거야."라고 생각했어요. 엄마는 고집을 꺾지 않았어요. 엄마는 양육 책임자였죠. 그래서 우리는 함께 학교에 갔어요. 선생님은 "그녀는 영어에 문제가 있어요."라고 말했죠. 엄마는 미소를 지으며 "우리 아이가 스페인어를 한다고 생각하세요?"라고 말했어요. 그러자 선생님이 말했죠. "그렇지 않나요?" 엄마는 "아니요. 거의 안 해요. 당황스럽네요. 거의 안 해요."라고 대답했어요. 그리고 나서 엄마는 선생님이 내게 준 숙제가 들어 있는 서류철을 꺼냈어요. 엄마는 "나는 우리 아이가 어떻게 이 과제들을 잘 해냈는지 궁금하네요. 선생님은 우리 아이를 이렇게 높이 평가했는데도 성적에서는 이렇게 낮은 점수를 주셨네요."라고 말했어요. 선생님은 "아킬라는 수업에서 말을 안 해요. 그래서 나는 그녀가 영어를 할 수 있는지조차 몰랐어요."라고 바로 대답했어요. 그러나 선생님은 내가 하지 않는다고 가정한 거였어요. 선생님은 "왜 아무 말도 안 했어?"라고 내게 말했어요. 나는 "왜냐면 나는 창고에 가고 싶지 않았어요."라고 대답했어요. 선생님은 "뭐라고?"라고 말했고, 나는 "선생님이 우리를 때리고, 아이들을 때리기 때문에 창고에 가고 싶지 않아요."라고 말했어요.

하지만 만일 어머니가 그렇게 하지 않았다면, 2학년 때 어땠을지 생각해 보세요. 그 전체적인 이야기에는 많은 교훈이 있고, 그 기억은 정말 깊이 박혔어요. 왜냐면 나는 똑같이 교육을 받지 못하고 배짱도 없었던 부모를 두었던 내 이웃의 아이들이 생각났거든요. 그들은 대가를 치러야 했어요. 나는 그 거리의 다른 아이들보다 똑똑하지는 않았어요. 단지 우리 엄마가 그 체계에 도전할 능력을 지녔었고 헌신하셨던 거죠. 내 형제들에게도 유사한 차별과 배제의 사건들이 있었고, 어머니는 그 패턴에 주의를 기울이셨어요. 결국 우리 부모님은 지역사회에서 존경받게 되었어요. 그 일을 예로 들 수 있겠네요. 내가 말한 일화 속에 나오는 교장은 나중에 우리 학군의 교육감이 되었어요. 그와 그의 부인은 98년 1월 우리 부모님의 50주년 기념일에 참석했어요. 두 사람 모두 우리 부모님이 교육에 얼마나 헌신했는지, 여러 일에서 얼마나 좋은 역할 모델이었는지에 대해 이야기를 들려 주셨어요.

교사 같은 권위 있는 사람에게 도전하는 어머니를 보면서 아퀼라는 불공평함에 대해 말하고 도전하는 것의 중요성에 대해서 지울 수 없는 인상을 받았다. 어머니의 영향 외에, 아퀼라는 길 건너편에 살았던 외할머니가 사회정의 교육자로서의 자신의 정체성에 영향을 미쳤다고 말했다.

외할머니는 가족의 가장 같았어요. 믿을 수 없을 만큼 신앙심이 깊었죠. 꼭 치료자 같았어요. 사람들은 아플 때 외할머니에게 전화를 하고, 기도 해달라고 요청하고, 함께 앉아 있어 달라고 했어요. 외할머니에 대한 신비주의가 있었죠. 외할머니는 내 우상이었고, 97년에 돌아가셨어요. 외할머니는 옳음과 그름, 선과 악에 대해서 말하곤 했어요. 내겐 형평성에 대한 전체적인 개념을 이해할 수 있게 하는 열쇠와 같은 존재였어요. 내 수업에서 종종 얘기 나누는 건데, 살면서 내가 절대 잊지 못할 교훈이 한 가지 있어요. 매 학기가 시작될 때마다 말하곤 하는데, 그 교훈은 할머니가 내게 가르쳐 주신 거예요. '나는 너보다 나을 것이 없고, 너도 나보다 나을 게 없다.' 이런 생각은 위계가 없다는 전제에서 출발한 거예요. 우리는 동등한 인간이고, 우리는 저마다 교수, 학생, 부모, 아이 같은 다른 역할을 갖고 있어요. 그렇지만 우리는 인간으로 등등하고, 위계는 있을 수 없어요. 아주 어릴 때부터 깊이 새긴 거예요. 사실, 우리가 일에 성공했을 때 곧바로 우리가 그걸 해낸 것처럼 믿지 말아야 한다는 것을 알았어요. 그게 아니라 우리가 우리를 행동하게 만든 더 큰 근원으로부터 주어진 선물인 것처럼 우리는 우리에게 주어진 것을 했던 거예요, 성공을 이룬 것은 당신이 아니지요. 당신은 단지 하나의 도구이며 모델이라는 것을 깨닫는 것이 겸손의 개념이에요. 재능은 당신 것이 될 수 있지만, 그것은 선물이에요.

아귈라의 어머니와 외할머니가 사회정의에 관한 역할 모델이 되어 주었던 것처럼, 안드르제쥬스키도 부모님이 사회정의 교육에 참여하는 것이 중요하다는 씨앗을 심어주었다고 보고하였다.

음, 우리 부모님은 일종의 활동가였어요. 두 분 모두 평화와 세계 평화에 관심이 있었고, 반전 운동가였어요. 2차 세계대전 시기와 그 후였으니까 흔하지 않았죠. 아버지는 실제로 30대 때 2차 세계대전에 징집됐는데 전쟁에 기여하지 않기 위해서 최선을 다했다고 해요. 아버지는 군대에서 가능한 최소한의 일을 했대요. 어머니가 임신했기 때문에 어머니를 집으로 데려다 주기 위해 휴가를 받았어요. 아버지는 8일간의 휴가를 받았는데 8자 앞에 타이프로 숫자 2를 쳐서 넣었고 한 달을 휴가로 보냈대요. 아버지가 휴가를 마치고 돌아갔을 때 아버지 부대 전체가 사라졌고, 대부분이 죽었다고 해요.

안드르제쥬스키 부모의 활동은 전쟁이 끝난 후에도 멈추지 않았으며, 그들은 "전 세계 사람들, 문화적으로 다른 사람들과 의사소통하기 위한" 노력으로 교회와 지역사회에서 활동했다. 안드르제쥬스키의 부모는 지역사회에 참여하는 역할 모델이 되었으며, 그녀는 어머니가 이후 그녀의 삶에서 유익했던 행동들의 모델이 되어주었다고 언급하였다. "어머니가 스스로를 확실히 페미니스트라고 칭하지는 않았지만 페미니스트였어요. 내 말은 단지 어머니는 모두 함께 집안일을 해야 한다고 생각했다는 의미에요. 어머니는 그냥 그래야 한다고 강하게 느꼈어요."

쿠마시로의 정체성 발달과 부모와 가족으로부터 받은 사회정의의 교훈은 다른 참여자들처럼 명확하지 않다. 쿠마시로는 "나는 구체적으로 어떻게 해서 그 일이 일어났고, 그 일에 대해 어떻게 이름을 붙여야 할지 모르겠어요. 매우 일반적인 차원에서 말하자면 우리 모두가 공정하며 약자를 돌봐야 한다는 메시지를 받았다는 거예요."라고 하였다. 약자를 돌본다는 개념은 연민과 공감을 형성하였다. 그의 부모는 항상 그에게 "그 사람에게 어떤 느낌이 들 거라고 생각하니?" 또는 "그 사람이 어떤 기분일지 상상이 가니?" 같은 질문을 던졌다. 이러한 질문들로 인해 그는 공감을 불어넣은 다양한 관점으로 문제를 이해하려고 노력하게 되었다.

쿠마시로에게 있어서 사회정의의 교훈은 암묵적이며 지속적이었던 반면, 코펠만은 자신의 정체성 발달에 윤곽이 되어 준 구체적인 사건을 이끌어냈다. 그의 저서『삶의 주요 가치(Values in the Key of Life)』에서 코펠만(2001)은 다음과 같이 적고 있다.

우리 지역의 쉐보레 판매원은 한때 아버지를 설득해서 자신의 친목회에 가입시키려고 했던 프리메이슨단 친목회의 구성원이었다. 아버지가 주저하는 것을 느낀 그 판매원은 아버지를 "끈질기게 설득"했다. 그는 곤경에 빠졌을 때 아버지가 어디에 있더라도 항상 다른 메이슨의 도움을 받을 수 있기 때문에 메이슨이 되는 것이 얼마나 좋은지에 대해서 이야기했다. 아버지가 이 주장에 별 감명을 받지 않은 것을 보고 그 판매원은 한 일화를 들려주었다. 그는 몇 년 전 출장을 갔던 일에 대해 설명했다. 사전 예약 없이 출장을 가게 됐는데 도시의 모든 호텔이 다 찼다는 것을 알고 놀란 그는 여러 곳을 알아보았지만 이용할 수 있는 곳이 없었다. 한 호텔에서 만난 안내직원이 참을성을 갖고 그 판매원의 불만을 들어주다가 판매원의 반지를 보았다. 직원은 판매원에게 메이슨인지 물었다. 대답을 들은 안내 직원은 메이슨 반지를 낀 자신의 오른손을 들어보였다. 한 가족이 나중에 도착하기로 되어 있었는데도 직원은 동료 메이슨에게 그들의 방을 내주었다. 그는 실수에 대해 가족에게 사과하고, 다른 곳에서 방을 얻도록 도울 것이라고 말했다고 한다. 판매원은 좋은 방을 얻고 하룻밤을 편하게 잘 수 있어서 얼마나 감사했는지를 말하면서 이야기를 마무리했다. 그는 이야기를 의기양양하게 끝냈지만, 듣는 아버지의 귀에는 거슬렸다. 아버지는 그 이야기를 듣고 결코 메이슨이 될 수 없다고 결정하게 되었다. 아마 대부분의 메이슨들도 그 이야기를 메이슨 가치의 모범이라고 지지하지는 않겠지만, 아버지는 그 이야기를 듣고 기뻐하지 않았다. 아버지는 회원들이 그 같은 이기적 행동을 자랑으로 삼는 단체에 가입할 수 없었다. 우리 아버지는 그 방에서 잘 자지 못했을 것이다. 아버지는 그 다른 가족이 너무 걱정됐다고 했다: 모든 호텔이 꽉 차 있다면 그들은 어떻게 방을 구할 수 있을까? 그들에게는 아이들이 몇이나 있을까? 그들은 어떻게 할까? 우리 아버지가 1달러의 가치를 어떻게 인식했는가를 생각해 본다면 다음 사람보다 혜택을 얻기 위해서 단체에 들어간다는 생각은 아버지의 방식이 아니었다. 다른 사람을 희생시키고, 다른 사람에게 괴로움과 고통을 준다면 1달러의 가치가 없어진다. 1달러의 가치는 즐거운 삶을 제공할 수 있는 힘이었고, 다른 사람을 도울 수 있는 잠재력이었다(pp. 17-18).

이 이야기는 '다른 사람'을 돌보는 것에 대한 중요성뿐만 아니라 공정성에 대한 문제를 보여 주며, 그 단체의 회원 자격이 단지 단체 구성원에게만 부여된 특권을 보장해서도 안 된다는 것을 설명해 준다. 코펠만은 아버지의 영향 외에도 자신의 아이들을 통해 제한적인 성 역할의 위험성에 대해서 눈 뜨게 되었다고 말하였다.

내 아들 제이슨은 19살에 세상을 떠나서 여기에 없어요. 그러나 내 아들은 어릴 때부터 언제나 온화하고 아주 잘 자란 아이였지요. 온화하게 잘 자란 소년들은 힘든 길을 갔는데, 결국 그는 깨닫게 되었죠. 초등학교 4학년 때, 우리가 라 크로스(La Crosse)로 이사한 후에 다른 아이들이 아들을 괴롭히기 시작했어요. 몸집이 크지만 맞서 싸우지 않을 것 같은 남자아이를 괴롭히는 것은 많은 남자아이들이 자신의 강인함과 남성성을 증명하는 방법이었죠. 6학년 아이들이 링컨 중학교로 진학을 하자 제이슨과 5학년들은 이 초등학교에서 가장 나이가 많은 아이들이었고, 제이슨은 반 친구들과 잘 어울렸지요. 그래서 우리 둘 다 "와, 좋아, 이제 제이슨을 괴롭힐 큰 아이들은 없을 것이고, 제이슨은 반 친구들이랑 잘 지낼 거야"라고 생각했어요. 그런데 4학년 학생들은 아들이 자신들에게 맞서지 않을 것이며 기본적으로 폭력을 반대한다는 것을 알았기 때문에 아들을 괴롭히기 시작했지요. 우리는 그것에 대해서 오랫동안 얘기했고, 나는 아들이 폭력을 사용하기를 원하지 않았어요. 하지만 나는 아들에게 "네가 이 아이들을 때리면 어떻게 될까? 이런 말을 하는 게 싫지만 그게 효과적일 수도 있어."라고 말했지요. 아들이 이런저런 시도를 해보았지만 아무 소용이 없었어요. 그리고 운동장에서 아이들이 제이슨을 둘러싸고 치고 밀기 시작했지요. 결국 제이슨은 그 아이들 중 한 명을 끌어당겨 배를 가격했고, 그가 무너져 무릎을 꿇은 후 끝이 났지요. 제이슨은 더 이상 괴롭힘을 당하지 않았어요. 아이들은 말로 아들을 괴롭혔지만, 더 이상 폭력을 휘두르지는 않았어요. 아이들은 아들에게 접근하지 않았지요. 그것은 나를 화나게 만들었어요. 나는 "도대체 왜 남자아이들은 있는 모습 그대로 인정받을 수 없지? 마초나 난폭한 남자가 아니라면, 왜 그들은 남자로 인정받을 수 없는 거야?"라고 말했죠. 그 경험이 내가 몇 년 동안 젠더 이슈에 대해 계속 노력하도록 부채질을 해 주었어요. 많은 사람들이 젠더평등회의(Gender Equity Conference)에서 했던 발표에 열렬히 호응해 주었기 때문에 나는 2년 동안 위스콘신 주에 있는 약 40개의 학교에 가야 했어요. 아이러니한 점은 내 아들이 죽은 무렵에 바로 그 일이 일어났다는 거예요. 현장 연수와 워크숍에 참여하면서 나는 많은 복잡한 감정을 느꼈어요. 나는 아들의 영혼을 기리고 여전히 이러한 말도 안 되는 일을 해결해야 하는 다른 소년들을 위해서 그 일을 해야 한다고 생각해요. 그래서 그것은 확실히 강력한 영향을 주었어요.

코펠만의 아들은 사회적으로 부여된 거칠고 폭력적이어야 하는 남성의 역할에 도전하였기 때문에 젠더 정체성에 근거한 집단 따돌림의 대상이 되었다. 집단 따돌림은 제한적인 성 역할이 갖는 유해성에 대한 코펠만의 인식을 불러일으켰다. 딸의 경험은 사회적으로 구성된 성 역할이 야기하는 사회 불평등에 대한 그의 이해와 인식을 증가시켰다. 그는 초등학교에서 고등학교까지의 딸의 경험을 이야기했다.

홍미롭게도 내 딸은 아주 어렸을 때부터 매우 적극적이고, 공격적이며, 남성적이었어요. 물론 그런 부분 때문에 딸이 고등학교에 갈 때까지 치른 대가라고는 데이트 상대를 얻지 못했다는 것일 뿐 다른 대가를 치르지는 않았어요. 왜냐하면 고등학교 남학생들은 너무 자신감이 강하고 공격적인 여학생들에게는 위협감을 느끼기 때문이죠. 고등학교 남학생들은 그들과 함께 무얼 해야 하는지도 모르고, 고분고분한 여학생을 필요로 하며, 당연히 남자답다고 느끼고 싶어 하죠. 그래서 고분고분한 여학생들이 데이트를 많이 했어요. 사실 내 딸의 친구 중 한 명은 약 700명이나 되는 아이들이 있는 큰 학교에서 졸업식 대표를 할 만큼 유능했는데도 학교에서는 마치 아무 것도 모르는 멍청이처럼 행동했어요. 그 애는 사회적 관계를 맺을 때에는 "나는 수업 시간에는 잘 할 수 있지만 잘 모르겠어."라는 식으로 행동을 했지요. 그 애는 수업 시간에 잘 해냈고, 데이트도 많이 했는데, 내 딸은 그것을 역겨워했지요. 젠더가 얼마나 우리 아이들에게 큰 역할을 하며 부정적인 영향을 미치는지를 보면서 나는 그 분야에서 꽤 많은 시간을 보내게 되었어요. 그리고 교사들과 함께 우리가 이 문화 안에서 남성다움과 여성다움이란 측면에서 어떻게 선택의 폭을 넓힐 수 있는지에 대해서 알아보았지요.

코펠만과 마찬가지로, 카넬라의 가족이 보여준 정치적인 홍미와 가난한 사람들에 대한 돌봄은 그녀가 경제적 불균형과 시민들이 굶주리지 않도록 정부가 해야 하는 역할에 대해 눈 뜨게 만들었다. 그녀는 자신의 조부모님이 들려준 "루즈벨트가 가난한 사람들을 위해 했던 모든 프로그램을 얼마나 인정해 주었는지"와 그러한 프로그램들이 어려운 시기 동안 그들이 살아남는 데에 얼마나 도움이 되었는지에 대해 이야기했다. 또한 카넬라는 자신과 달리 인도 출신이었던 아들로 인해 인종차별주의, 특히 인종차별주의의 위계에 대해 더 잘 알 수 있게 되었다고 지적했다. 그녀는 다음과 같이 설명하였다.

> 이웃에 백인 여성이 있었어요. 그녀가 우리 집으로 왔죠. 그녀는 밖에서 놀고 있는 내 아들을 보았는데 아들이 흑인이라고 생각해서 집주인에게 전화를 걸어 항의했다고 말했어요. 그러나 그녀는 우리 아들이 흑인이 아니란 걸 알게 되고 집주인에게 '걔는 괜찮아요. 걔가 흑인이 아니라네요. 인도 사람이래요.'라며 전화를 했어요.

이 이야기는 카넬라가 인종 정치학의 복잡성과 함께 모든 유색인종들이 같은 방식으로 인종차별주의를 경험하는 것은 아니라는 점을 깨닫게 해 주었다. "아들은 또 학교에서 많은 인종차별을 경험했고, 아들이 유치원에 다닐 때에는 다른 아이들이 피부색에 대해 말했기 때문에 집에 돌아오면 울음을 터트리곤 했어요." 또한 자라면서 여성의 삶이 미치는 영향력을 인식하진 못했지만, 주변 여성들의 삶이 그녀가 젠더 평등을 옹호하도록 만들었을 것이라고 믿는다고 하였다.

베일리 가족 내에서 문화적으로 구성된 성 역할 역시 그녀에게 사회정의 교육의 씨앗을 심어주었다. 그녀는 출판되지 않은 자서전적 시에서 이렇게 쓰고 있다.

우선, 난 맏이였어,

그리고 난 그 영향을 받았다고 생각해.

부모님들은 내가 가장 완벽한 아이이길 원했어.

자라면서 나는 그들을 기쁘게 해주고 싶었어.

착한 여자아이가 되기 위해서.

그러나 그것보다 더 많은 게 있었어.

나는 어렸을 때 많은 메시지를 받았어.

모든 아이들이 그렇듯이.

하지만 내가 받은 메시지는 내 여동생의 메시지와는 아주 달랐어.

놀이친구들이 받은 것과도 달랐어.

내가 느끼고 원했던 것이 그들이 느끼고 원하는 것과 달랐기 때문이지,

나는 공놀이를 좋아했어 -야구공, 축구공, 농구공-

어디서나, 언제나, 항상. 하지만 난 자주 이런 말을 들어야 했어.

　"여자애는 그런 거 하면 안돼."

난 신문배달을 하고 자립하게 해달라고 했어.

하지만 거절당했지.

　"여자애는 그런 거 하면 안돼."

아빠랑 레슬링 하는 건 정말 즐거웠어, 그러나 특히 내가 나이가 들어가
자 "그만해요, 여보. 애가 다칠 수도 있어요"라는 말을 들었어. 그리고 또

　"여자애는 그런 거 하면 안돼."

나는 일주일 내내 바지를 입고 학교에 가는 게 좋았어, 그러나 우리 부모
님과 5학년 담임선생님은 한 편이 되어 그게 적절하지 않다고 결정했어.
왜냐면,

"여자애는 그런 거 하면 안돼."

　　베일리는 여자아이의 한계와 여자아이들이 할 수 있다고 받아들여지는 일과 그렇지 않은 일이 무엇인지에 대해 끊임없이 주의를 받았다. 정체성이 형성됨에 따라 그녀는 부모와 선생님들이 세운 제한 조치들을 거부하고, 자신의 존재를 억압하지 않는 방법을 생각하게 되었다. 슈와르츠와 동료들(Schwartz et al., 2013)에 따르면, 어떤 개인이 부모의 이념과 자신이 가진 본질이 충돌할 경우에 그것을 재고하고 거부하는 것은 정체성 발달에 있어서 일반적인 과정이다. 그녀의 부모(그리고 사회)가 세운 경계에서 행복하지 않았던 여자아이, 베일리의 본성이 그녀가 여자아이임을 주장하기 위해 강요된 경계를 없애는 선택을 하도록 만들었다. 베일리의 부모님은 사회정의의 반대에 해당되는 모델이 되었지만, 베일리는 부정적인 경험이라고 생각했던 것을 사회정의를 교육하는 그녀와 다른 여자아이들을 위해 긍정적인 것으로 바꿔 놓았다. 베일리의 시에서 "여자애는 그런 거 하면 안돼."라는 구절은 그녀의 가족들이 믿었던 성 역할이 무엇이었는지 자연스럽게 보여준다. 베일리의 시는 젠더가 어떻게 자연스러운 것으로 가정되는지뿐만 아니라 '본성'이 어떻게 유래하며 젠더에 따른 기능이 어떻게 강화되는지를 보여준다. 버틀러(Butler, 1990)는 "젠더는 표현되는 순간 그에 대한 결과가 따른다. 젠더 정체성은 표현되면서 점진적으로 구성된다."(p. 25)고 지적한다. 베일리는 여자아이답지 않아도 여자아이로 자유롭게 살 수 있기를 원했다. 여자아이처럼 행동하지 않는다는 이유로 혼났던 경험은 베일리에게 사회정의의 씨앗을 심어주었다.

　　니에토는 자신의 부모들이 다양한 방법으로 사회정의 교육에 대한 그녀의 관심을 불러일으켰다고 보고했다. 그녀는 "우리가 배우는 많은 것들이 모유를 먹는 것과 같아요. 그것은 우리가 누구인지, 우리가 무엇을 하는

지에 통합되어 있어요. 부모님은 비록 자신들이 교육을 받지는 않았지만 우리를 잘 돌보았다는 점에서 정말 좋은 부모였어요. 우리가 진실하고, 윤리적이며, 속임수를 쓰거나 거짓말을 하지 않게 하셨어요."라고 밝혔다. 니에토의 경우, 부모님이 길러준 사회정의 가르침은 주로 진실성을 발전시키고 윤리적이 되도록 하는 것이었다. 오오카 팡의 경우도 마찬가지였는데 그녀의 아버지가 심어 놓은 사회정의의 가르침은 공평과 정의, 그리고 그 사이에는 '아무 것도 없다'는 것이다. 그녀가 말하길,

> 제 생각에 아버지는 꽤나 윤리적인 사람이었던 것 같아요. 그것은 거의 단점에 가까울 정도였어요. 공정성과 정의감이 많았고요. 아버지는 하와이에서 자라 18세 때 집을 떠나 군대에 입대했고, 나중에 시애틀 대학에 들어갔어요. 옳고 윤리적인 일을 해야 한다고 느꼈기 때문에 결코 부자가 될 수 없었죠. 절대적으로 옳고 절대적으로 잘못된 흑백 문제는 거의 없잖아요. 애매한 부분이 많이 있었죠. 아버지는 절대로 애매한 곳에는 발을 들여놓지 않았어요.

니에토와 오오카 팡과 마찬가지로 다니엘 타텀의 사회정의 교육 참여는 그녀 가족의 도덕성에서 기인한다. "부모님을 활동가로 표현하지는 않겠지만 공평성이 강한 사람이었음이 분명해요. 부모님은 제가 대접받기를 원하는 방식으로 사람들을 대하도록 격려했고, 부모님들이 나에게 공정성과 형평성의 세계관에 대한 기본적 감각을 심어 주었다고 생각해요."

가족 구성원은 사람들에게 외부 세계와의 첫 만남이며 그 영향은 정체성 개발에서 중요한 부분을 차지한다(Erickson, 1950). 그 영향은 긍정적이거나 부정적인 것으로 인식될 수 있다. 다수의 사회정의 교육자들이 사회정의 교육을 지향하는 데에 가족 구성원이 긍정적인 영향을 미쳤지만, 가

족 내에서 제한적인 성 역할을 경험한 베일리는 사회적으로 구성된 젠더 기반의 한계에 대해 의문을 갖게 되었다. 당연시되고 정상적으로 여겨지는 것에 대하여 의문을 제기하는 것은 사회정의 교육으로 향하는 발걸음이다.

2 또래의 영향

또래는 정체성을 발달시키고 신념을 형성하는 데 중요한 역할을 한다. 또래의 의미는 무엇일까? 드마리스와 르콩트(DeMarrais & LeCompte, 1995)는 또래를 '연령, 인종, 젠더나 전문적 또는 사회적 신분과 같은 특별한 특징을 함께 나누는 집단'으로 정의했다. 또래집단은 종종 친구집단이 또래로 구성된다고 해도 친구집단과 같지는 않다. 즉, 또래란 용어는 친구보다 넓다. 친구, 지인, 동료와 학교 친구를 아우른다. 사회정의를 가르치는데 있어서 무엇이 영향을 끼쳤느냐는 질문을 받았을 때 사회정의 교육자들은 친구, 동료, 지인들의 행동, 태도, 실천이 사회정의 교육자가 되는 동기가 되었다고 지적했다.

어떤 사회정의 교육자는 대학에서 만난 또래들이 사회부정의에 대한 자신의 인식을 불러일으켰고, 사회부정의에 반대하여 행동하도록 만들었다고 했다. 미국과 베트남의 전쟁 기간 동안 대학에 다녔던 안드르제쥬스키는 베트남전에 반대하는 목소리를 내는 또래들이 베트남전의 객관성에 대한 그녀의 인식을 키우는 데 도움이 되었다는 것을 발견하였다. 그녀는 다양한 사람들의 이야기를 접할 수 있는 캠퍼스 내의 모임에 참여했다고 말했다. "나는 이치에 맞게 생각하는 다양한 사람의 의견을 주의깊게 들었던 기억이 나요. 그것이 나로 하여금 생각하게 만들었어요. 이게 뭐고, 왜 저기에 있는지에 대하여 생각하기 시작했어요." 전쟁을 끝내기 위한 또래의 열정은 전쟁에 대한 그녀의 태도를 밝혀주었으며, 전쟁이 어떻게 사회정의의 가치에 반하는지에 대해 이해하고 난 후에 그녀는 전쟁에 대해 솔직하게 말하게 되었다.

쿠마시로의 대학원 또래들은 그가 사회정의 운동에 참여하는 데 있어서 추동력이 되어주었다. 쿠마시로는 그의 대학원 또래들이 없었다면 아마도 자신이 사회정의 교육자가 될 수 없었을 것이라고 말했다. "실제로 활동적인 일을 하고 싶은 나의 바람은 대학원 진학 초반에 시작되었어요. 위스콘신 주에서 온 친한 친구들은 대단한 활동가들이었고 정말로 내 생각을 날카롭게 만들어 주었어요. 우리는 함께 많은 일을 했고, 나는 그것이 정말 의미 있는 일이었다고 생각해요." 친구의 지지가 없었다 해도 그가 활동에 참여했을지에 대한 질문을 받고나서 그는 이렇게 대답했다.

그러지 않았을 거라고는 생각하지 않아요. 아마도 나는 사회참여와 사회정의 문제에 깊은 관심을 가졌을 거예요. 하지만 내가 했던 일들을 했을까요? 지금 생각하는 방식대로 생각했을까요? 그럴 가능성은 거의 없다고 말하고 싶어요.

쿠마시로에게 있어 또래들은 사회정의 교육과 이념적으로 조화를 이루는 것과 사회정의 교육 옹호에 적극적으로 참여하는 것 사이의 차이를 알려주었다. 또래들은 그가 사회정의 교육자가 되는 데 중추적인 역할을 했는데, 이는 이념적인 연계를 넘어 사회정의 활동으로 옮겨가는 것을 의미했다.

다니엘 타텀의 대학 동기들도 사회적 문제에 대한 그녀의 인식을 높여주었고, 그녀가 사회정의 교육자가 될 수 있는 씨앗을 심어 주었다. 저서 『왜 구내식당에서 모든 흑인 아이들은 함께 앉아 있는가?』에서 그녀는 유치원에서 고등학교까지 백인이 대다수이고 흑인은 몇 명밖에 없는 학교를 다닌 후에, 대학에서는 의도적으로 흑인과 라티노 친구들과만 어울렸다고 보고했다(Tatum, 1997). 인터뷰에서 그녀는 다음과 같이 자세하게 설명했다.

> 나는 백인 학생들과 시간을 보내지 않았기 때문에 대학 시절에 만났던 백인 학생의 이름을 기억하기가 어려워요. 분명히 나는 그들과 함께 수업을 들었어요. 하지만 내 사회생활은 흑인 학생회 참여를 중심으로 이루어졌어요. 내 소셜 네트워크는 완전히 흑인과 라틴계였어요. 그래서 나는 그 경험이 인종 차별 문제에 대한 나의 인식을 높이는 계기가 되었다고 말하고 싶어요. 나는 집회에 갔고, 내 사회생활의 일부로 참여했어요. 친구들도 나도 적극적이었어요. 그것은 나의 소셜 네트워크의 일부였어요.

쿠마시로와 마찬가지로 다니엘 타텀의 참여는 또래들에게 크게 영향을 받았다. 모나한과 스테인버그(Monahan & Steinberg, 2007)에 따르면 그러한 또래들의 영향은 흔하며, 특히 영향을 받는 개인이 이미 좋아하는 것과 싫어하는 것이 비슷한 경우라면 더 그렇다. 안드르제쥬스키, 쿠마시로, 다니엘 타텀의 경우 사회정의 씨앗은 이미 심어졌지만, 신념을 구체화하고 사회적 불의에 대항하는 행동을 하는 데에 영향을 준 결정적인 역할을 한 것은 또래들이었다.

일부 사회정의 교육자들은 어린 시기에 또래의 영향을 받기 시작했다. 예를 들어, 베일리는 초등학교에 다닐 때 그녀에게 영향을 주었던 또래를 기억해 냈다. 그곳은 소수의 아메리카 원주민들이 살고 있는 중서부의 백인 도시였다. "마빈(Marvin)이라는 어린 아메리카 원주민 소년을 기억해요. 집에 와서 왜 다른 친구들이 마빈을 좋아하지 않는지 엄마에게 물었던 기억이 나요." 그녀는 더 설명하였다.

> 마빈은 다른 애들한테 놀림을 당했어요. 좋은 옷을 입지도 않았고, 학교에 올 때도 약간 더럽고, 다른 아이들보다 컸어요. 다른 아이들과는 조금 달랐죠. 애들은 그래요. 별명을 부르고 다른 사람들을 놀려요. 그래서 나는 일찍부터 부당한 애들에게 적응했어요. 중학교나 고등학교에 대해서 많이 기억나지는 않지만 많은 아이들이 자신들만의 파벌을 만들어서 끼리끼리 어울렸던 건 기억해요. 나는 모든 애들과 친구가 되어야겠다고 생각했어요. 그래서 나는 담배 피는 애들과 친구가 되었고, 극한에 몰린 가정 출신의 아이들과 친구가 되었어요.

베일리는 마빈이 또래들에게 부당한 대우를 받는 것을 지켜보면서 주변화된 사람들에 대한 인식을 발달시켰다. 이처럼 이른 시기의 경험은 주변화되었다고 여겨지는 고등학생들과의 상호작용에서 드러났다.

백인인 포한은 멕시코계 미국인 학생들이 주류를 이루는 학교를 다니면서 "나와 다른 사람들과 일하는 것이 더 편하게 되었다"고 하였다. 인종적으로 그리고 문화적으로 다른 학교 또래들을 통해 그녀는 사회정의의 초석 중 하나인 인종적·문화적 경계를 넘나들며 일할 수 있게 되었다. 그러나 포한의 또래들은 그녀가 사회에서 얻은 멕시코계 미국인에 대한 고정관념을 강화시키기도 하였다. 그녀는 "나는 중학교를 졸업하고 다시 두 명의 좋은 멕시코계 미국인 친구들과 가깝게 지냈어요. 하지만 전체적으로 볼 때 나는 그들을 멕시코계 미국인 그 자체로 느꼈어요. 나는 부정적인 고정관념을 깨야 했어요." 포한에 따르면 그녀는 중학교 때 고정관념을 없앴기 때문에 비판적 사고를 할 수 있게 되었으며, 더 나은 사회정의 교사가 될 수 있었다고 한다. 그녀가 멕시코계 미국인에 대해 가졌던 부정적인 고정관념이 그녀의 현재를 만들어준 기초가 되었는지를 묻자 그녀는 대답하였다. "확실히 그래요. 내 자신의 가르침 중 일부는 내 자신의 배낭을 푸는 나만의 여행에 따른 것이었고, 제한된 경험을 바탕으로 고정관념을 만들어내는 우리의 경향, 그리고 그것을 되돌리기 위해 한 일들이었어요." 포한의 고등학교 경험은 그녀가 지닌 부정적인 고정관념을 확인시켜준 것 같다. 그러한 경험은 그녀가 왜 처음에 편견을 가졌는지, 왜 그러한 편견이 확정되었는지에 대해 비판적으로 생각하는 능력에 중요한 역할을 하였다.

분명히 일부 참여자들이 사회정의 교육자가 되는 데 또래가 결정적인 역할을 했다. 또래들은 그들의 의식을 높이고 사회적 불평등에 대항하는 행동을 하도록 이끌었다. 예를 들어, 다니엘 타텀, 쿠마시로, 안드르제쥬스키는 사회정의 교육자라는 자신의 정체성을 형성하는 데에 또래가 결정적인 역할을 했다고 밝혔다. 다른 참여자들은 또래를 통해 불평등과 불의에 처한 주변화된 사람들을 접하는 대리경험을 하였다. 아메리카 원주민 소년인 마빈을 왕따시키는 현장에 함께 있었던 베일리의 경험은 그녀에게 사회 주변부에 있는 사람들이 경험하는 부당함을 보여주었다. 멕시코계 미국인들이 주류인 학교에서 포한이 백인으로서 경험한 일들은 그녀가 인종적·문화적 경계를 넘나들며 일할 수 있게 만든 동시에 멕시코계 미국인에 대한 고정관념을 강화하게 만들었다.

이 장에서는 사회정의 교육자들이 교실에서 사회정의를 위해 일하는 데 가족 구성원과 또래들이 도움이 되었다는 것을 보여주었다. 일부 가족 구성원의 영향력은 사회정의의 이상과 일치했으며, 가족 구성원들은 이러한 이상을 사회정의 교육자들에게서 키워냈다. 반면에 일부 가족 구성원의 영향력은 사회정의의 이상에 반대되는 것이었지만 도리어 사회정의를 실현가능한 것으로 보도록 만들었다. 또한 이 장에서는 일부 사회정의 교육자들이 사회 불평등에 대해 눈을 뜨는 데 또래의 영향력이 기여했다고 밝혔다.

3 교사교육을 위한 교훈

가족들이 사회정의 교육자들에게 미친 영향에서 얻을 수 있는 몇 가지 교훈이 있다. 첫 번째이자 가장 중요한 교훈은 생물학적이든 아니든 가족이 정체성 발달에 엄청난 영향을 미친다는 점이다. 가족 구성원은 사회정의 교육자들의 직업 선택에 결정적인 역할을 했다. 둘째, 사회정의 교육자의 이야기는 많은 교사들과 사회 구성원들이 교육받지 못한 노동계층 사람들에 대해 가지는 잘못된 생각의 일부를 폭로한다. 예를 들어, 아귈라와 니에토의 부모님들이 자녀 교육에 대해 보인 열렬한 관심은 일부 교사들이 대학교육을 받지 않은 노동계층의 부모들에게 갖고 있던 잘못된 생각을 밝혀냈다. 가난한 학교를 대상으로 한 연구에서, 애니언(Anyon, 1997)은 대부분의 교사들이 노동계층 부모에 대한 부정적인 신념을 갖고 있다고 보고하였다. 그녀가 인터뷰한 교사들 중 일부는 저소득층 부모가 그들의 자녀 교육에 관심이 없다고 믿고 있었다.

아귈라의 이야기는 무관심하다고 여겨진 저소득층 학부모들에 대한 잘못된 생각을 폭로할 뿐만 아니라 학생에 대한 교사의 믿음이 교실 내 관행에 어떻게 스며드는지를 강조하고 있다. 백인 교사가 최종 성적으로 아귈라에게 B를 준 것은 아귈라의 능력에 근거한 것이 아니라 멕시코계 미국인 소녀의 능력에 대한 교사의 신념이나 편견에 근거한 것이었다. 또한 이러한 편견들은 유색인이 많이 다니는 학교에 대한 인식에 영향을 미친다. 스프링(Spring, 1995)은 대부분의 학생이 백인 학생이었다가 흑인 학생으로 변화한 학교를 연구하였다. 그는 흑인 학생이 대부분이 되면서 학업 수준이 갑자기 떨어졌다는 점을 발견하였다. 그러나 그는 학업 수준의 변화는 학생들의 인지적 무능 때문이 아니라 백인 교사들이 갖고 있는 학생들에 대한 부정적인 신념과 태도 때문이라고 결론지었다. 또한 포드햄(Fordham, 1996)은 흑인 학생들의 학업 저항에 관한 연구에서 학생들의 학업 능력에 대한 교사의 오해가 학생들과의 상호작용에 반영된다고 보고했다. 다른 교육자들(Gay, 2000; Pang, 2000; Sleeter, 2001)은 일반적으로 라틴 아메리카계 미국인과 아프리카계 미국인이 인지적으로 열등하다는 잠재된 신념에서 나온 학생들의 능력에 대한 교사의 부정적인 신념에 대해서도 다루고 있다.

세 번째 교훈은 사회정의 교육에 미친 가족의 영향력은 사회정의의 '불분명한' 특성을 실제로 '명백한' 특성으로 만들어 줌으로써 사회정의 교육자들을 상세하게 묘사할 수 있게 되었다는 것이다. 예를 들어, 많은 사회정의 교육자들이 사회정의를 지향하는 정체성을 개발하는 데 관련이 있다고 믿는 특정한 자질들에 대해 정의하였다. 그러한 자질에는 공감, 보살핌, 공정함, 정의, 성실, 동정심, 윤리성, 도덕성이 포함된다. 또한 그들의 이야기는 예를 들어 인도 출신의 아들을 둔 카넬라의 경험에서 나타난 것처럼 가족 구성원은 그들이 이해하지도 못했을 수도 있는 복잡한 문제를 이해하는 데에 영향을 미칠 수 있다. 사회정의 교육자들은 이러한 자질들이 가족 구성원이나 교사 등의 성인들이 명시적으로 교육하고 개발할 수 있는 사회정의의 기본 원리임을 밝혔다.

또래의 영향력 또한 교사 교육에 중요한 교훈을 준다. 첫째, 정체성 발달에 있어서 또래가 중요한 역할을 한다는 것에 주목할 필요가 있다. 일부 사회정의 교육자들은 또래가 없었다면 사회정의 활동에 참여하지 않았을 것이며, 일부 사회정의 교육자들은 또래가 없었다면 의식화되거나 인식을 키우지 못했을 것이다. 둘째, 또래들과의 상호작용에 대한 사회정의 교육자들의 이야기는 명확한 교훈을 제공한다. 예를 들어, 베일리와 포한의 이야기는 한 인종집단이 압도적으로 다수인 학교에 소외당하며 괴롭힘을 당하는 소수 인종집단의 학생들이 있을 수 있음을 보여준다. 포한과 베일리의 부정적인 경험은 인종적 또는 문화적으로 다른 학생들이 한두 명 섞여 있는 것만으로는 시민권리 활동가들이 기대하는 인종 통합 모델이 될 수 없다는 점을 이해하는 데 도움이 된다.

셋째, 포한과 베일리의 이야기에서는 학교가 모든 인종적·문화적 집단뿐만 아니라 사회의 인종 불평등으로 영향을 받는 학생들을 포용하기 위한 환경을 만들어야 할 필요성을 강조한다. 예를 들어, 학교 안에서 인종적·문화적 차이가 받아들여지고 수용될 수 있었다면 마빈의 경험은 긍정적일 수 있었다고 주장한다.

1   아퀼라의 선생님은 이중 언어를 사용하는 학생에 대해서 어떤 가정을 하
    였는가? 당신은 그러한 가정이 오늘날에도 여전히 존재한다고 믿는가?
    이 이야기는 당신의 실무에 어떤 영향을 미치는가?

2   코펠만의 딸과 아들에 대한 이야기는 사회적으로 만들어진 고정된 성 역
    할의 위험성을 드러낸다. 당신은 교실 상황에서 성 역할을 확장시키거나
    역동적으로 만드는 방법에 대해 생각할 수 있는가?

3   코펠만은 괴롭힘을 당하는 아들에게 맞서 싸우라고 이야기했다. 만일 당
    신이라면 어떤 조언을 해 주겠는가? 그 이유는 무엇인가? 그러한 괴롭힘
    을 다룰 수 있는 대안은 무엇인가? 학교와 교사는 그러한 괴롭힘을 막기
    위해 무엇을 할 수 있는가?

4   남학생들에게 위협이 되지 않기 위해 '멍청이'로 보여야 하는 여학생의
    문제가 코펠만의 딸 이야기에 나타나 있다. 당신은 학창시절에 유사한
    상황을 본 적이 있는가? 당신의 학교에서 학업적으로 성공한 여학생들
    이 겪는 사회적 결과는 무엇이었는가?

5   공감, 보살핌, 공정함, 정의, 성실, 동정심, 윤리성, 도덕성이라는 사회정
    의의 특징을 교실에서 명확하게 가르칠 수 있는 방법은 무엇인가?
    (a) 어떻게 공감, 보살핌, 공정함을 명시적으로 가르칠 수 있는가?
    (b) 어떻게 윤리성과 도덕성을 명시적으로 가르칠 수 있는가?

6   참여자들이 그들의 또래로부터 배운 사회정의의 가치는 무엇인가?

7   학교의 '인종재분리' 정책과 함께, 베일리와 포한의 경험은 교외, 농촌,
    도시의 학교에서 자주 나타난다. 백인이 주류인 교실 안에 한 명의 유색
    인 학생이 있을 수도 있고, 라틴계 및 아프리카계 미국인이 주류인 교실
    안에 한 명의 백인 학생이 있을 수도 있다. 인종적으로 다른 학생을 곤혹
    스럽게 만들지 않으면서도 인종 간에 긍정적인 상호작용과 토론을 보장

하려면 어떤 제안이 필요하겠는가?

참고문헌

Anyon , J. (1997). *Ghetto schooling: A political economy of urban edu-cational reform*. New York: Teachers College Press.

Butler, J. (1990). *Gender trouble: Feminism and subversion of identity.* NY: Routledge.

DeMarrais, K.B., & LeCompte, M.D. (1995). *The way schools work: A sociological analysis of education* (2nd ed.). White Plains: Long-man.

Erikson , E.H. (1950). *Childhood and society.* New York: W. W. Norton & Company.

Fordham, S. (1996). *Blacked out: Dilemmas of race, identity, and suc-cess at Capital High*. Chicago: University of Chicago Press.

Gay, G. (2000). *Culturally responsive teaching: Theory, research, and practice*. New York: Teachers College Press.

Koppelman, K.L. (2001). *Values in the key of life: Making harmony in the human community*. Amityville: Baywood Publishing Compa-ny.

Monahan, K.C. & Steinberg, L. (2007). Age differences in resistance to peer influence. *Developmental Psychology, 43*(6), 1531-1543.

Pang, V.O. (2000). *Multicultural education: A caring-centered, reflec-tive approach*. New York: McGraw-Hill Humanities/Social Scienc-es/Languages.

Sleeter, C.E. (2001). *Culture, difference, and power* (CD-ROM). New

York: Teachers College Press.

Spring, J.H. (1995). *The intersection of cultures: Multicultural education in the United States.* New York: McGraw-Hill Higher Education.

Schwartz, S.J., Zamboanga, B.L., Luyckx, K., Meca , A., & Ritchie, R.A. (2013). Identity in emerging adulthood: Reviewing the field and looking forward. *Emerging Adulthood, 1,* 96-113.

Tatum, B.D. (1997). *Why are all the Black kids sitting together in the cafeteria: And other conversations about race.* New York: Basic Books.

5장

위치성의 영향

개요

이 장은 인종, 사회계층, 젠더, 국적, 성적 취향, 장애/비장애에 의해 사회적으로 구성된 지위가 사회정의 교육자들이 사회정의 작업에 참여하는데 어떤 영향을 미쳤는지에 대하여 이야기한다. 이 장은 당신의 위치성이 당신이 세상을 바라보는 렌즈에 어떤 색깔을 입혔는지에 대한 질문들에 답한다. 이런 질문은 교육에서 좀처럼 제기되지 않았던 것이다. 당신은 당신의 위치에 근거하여 세상을 어떻게 바라보는가? 이 장은 세상이 사회정의 교육자들의 정체성 표식(identity marker)에 근거하여 그들의 위치를 어떻게 결정하는지, 그리고 그들이 정체성 표식에 근거하여 자신의 위치를 어떻게 결정하는지를 밝혀준다. 정체성 표식에 근거한 사회정의 교육자들의 사회적 위치는 너무 강력해서 사회정의 교육자들이 자신의 정체성을 이해하는 방식에 융합되어 나타난다. 이 장의 마지막에 제시된 성찰질문은 인종, 젠더, 성적 취향, 국적, 장애 등에 의한 독자의 위치성이 자신이 세상을 판단하는 렌즈에 어떤 색깔을 입히는지에 대하여 성찰하도록 독려한다.

핵심 용어

위치성, 의식, 정체성 표식, 젠더, 성적 취향(sexuality), 인종, 사회계층

위치성(positionality)이라는 용어는 "본질적인 특질이라기보다는 상대적인 지위의 표식"으로서 젠더, 인종, 사회계층, 성적 취향, 장애, 국적, 모국어 등에 대하여 사회적으로 구성된 위계 내에서의 개인의 지위를 말한다 (Tetreault, 1994, 139). 이런 표식들에 따라 개인이 어디에 위치하느냐는 그가 세상을 바라보고 이해하는 방식에 정보를 주고 영향을 미친다. 사람은 자신의 위치성에 따라서 세상을 다르게 볼 수 있다. 예를 들어 이성애자는 이성애적 렌즈를 사용하여 세상을 보기 때문에 모든 형태의 성적 취향이 공정하고 공평하게 대접받는다고 생각할 수 있다. 그러나 레즈비언은 자신의 위치성 때문에 어떤 형태의 성적 취향은 불공평하게 취급된다고 생각할 수 있다. 두 사람이 바라보는 세상은 같지만, 자신의 위치성 때문에 그들이 경험하는 것은 다르다.

사회계층에서의 위치는 사회정의를 향한 사회정의 교육자들의 성향에 큰 영향을 미치는 요인이다. 대부분의 사회정의 교육자들은 자신이 노동계층 배경 출신이라고 보고하였다. 예를 들어 안드르제쥬스키는 그녀의 부모와 사회계층 배경에 대하여 다음과 같이 말하였다.

그분들은 노동계층이었어요. 아버지는 교육을 8년밖에 못 받았고, 외할아버지는 농부였어요. 외할아버지는 닭을 길렀죠. 그러니까 아마 어머니도 노동계층 출신이었을 거예요. 그렇지만 나는 그분들이 그 당시에 돈을 조금밖에 못 벌었다고 생각해요. 아버지는 오랫동안 세탁소 일을 했고, 알코올중독자가 되었죠. 아버지는 알코올중독자 자조모임을 통해 술을 끊었어요. 그리고 강사가 되었죠. 워싱턴 주 근처에서 자신의 이야기를 말하는 실제로 유명한 강사가 되었어요. 아버지는 여러 학교를 다니며 자신의 이야기를 했고, 사람들에게 알코올중독이 심각한 문제이며, 음주가 문제라고 납득시키려고 노력했어요. 그 후에는 경찰서 승강기 운전자 일을 했어요. 어머니는 몇 년 동안 백화점에서 일했죠. 어머니는 세탁소에서 일을 했고, 나중에는 백화점에서 일했어요.

안드르제쥬스키는 그녀의 사회계층 배경 때문에 자본주의 체계 내에 존재하는 위계와 그것의 불공평성을 이해할 수 있었다고 확신했다. 그녀의 노동계층 배경이 열심히 일해도 항상 그에 상응하는 금전적 결과를 얻는 것은 아니라는 것을 이해하게 만들었다. 그녀는 자신의 아버지 역시 불공평한 자본주의 체계를 이해했으며, 항상 사회계층의 밑바닥에 있는 사람들을 지지했고, 권위자들에게는 저항했다고 하였다.

아버지는 항상 약자 편이었어요. 힘을 가진 사람들에게는 비판적이었고, 정부의 애기에 의문을 제기했죠. 그건 나한테 좋았어요. 권위에 도전하는 것을 확실히 배웠죠. 나는 권위에 복종하지 않는 것을 아버지에게 배운 것 같아요.

코펠만의 사회계층 배경 또한 그가 사회정의를 위한 옹호를 하는 데 중요한 역할을 했다. 안드르제쥬스키의 아버지처럼 그의 아버지도 억압받는 사람들을 옹호하였다.

아버지는 월급을 조금밖에 받지 못하는 트럭 운전사였다. 아버지의 주요 수입은 농부들에게 가축 사료를 팔아서 버는 수수료에서 나왔다. 아버지는 일주일에 6일은 운전을 했고, 일요일 밤에는 술집에서 농부들과 만나 사귀면서 판매망을 넓히려고 했다. 매주 일요일 아침에는 그 주에 벌어들인 수입의 10퍼센트를 계산해서 그 양만큼 수표에 서명했고, 교회 헌금봉투에 넣었다. 아버지가 축복과 풍요로운 생활을 허락하는 것에 대하여 하나님께 감사하는 방법이었다. 아버지가 일생 동안 가장 돈을 많이 번 해에는 12,000달러 정도를 벌었다(Koppelman, 2001, p. 17).

코펠만의 사회계층적 위치성은 그에게 사람들을 특권이나 지위에 의해서가 아니라 있는 그대로 가치 있게 여기라고 가르쳤다.

나는 또 사람들을 그들의 돈이나 지위 때문에 존경한다면, 그것은 정말 분별없는 짓이라고 생각하면서 자랐어요. 우리는 그들이 어떻게 행동하며, 어떤 삶을 살고 있으며, 어떻게 사람들을 대하는가에 따라서 그들을 존경했어요. 우리는 그가 돈이 많아서가 아니라 좋은 사람이기 때문에 그를 존경했죠.

포한의 사회계층 배경은 그녀가 사회계층 이슈에 관심을 갖도록 하였다. 그녀는 자신이 가난하다고 생각했지만 비참한 가난은 경험하지 않았다고 보고하였다.

나는 헌 옷을 입고 다녔어요. 교복을 사지 않았죠. 나는 누구도 헌 옷을 입고 싶어 하지 않는다고 생각해요. 그러나 내가 경험한 것보다 더 심한 가난이 많아요. 우리 가족은 결코 굶지는 않았어요. 내가 필요한 건 가졌고요. 우리가 사치스러운 휴가를 간 건 아니에요. 교육을 더 많이 받았던 숙모 한 명이 우리보다 약간 더 부자였어요. 우리는 숙모네와 함께 해변에 가곤 했어요. 나는 행복한 아이였어요. 내가 갖지 못한 게 뭔지 생각하지 않았죠. 그럼에도 불구하고 내 경험은 모든 어린이들에게 탁월한 교육과 대학갈 기회를 주기 위해 저소득층을 옹호하도록 만들었어요. 모든 사람들이 그런 선택을 하지는 않아요. 하지만 난 개인이 포기하더라도 체제가 개인을 포기하지 않게 하려면, 우리가 모든 사람들에게 실질적인 기술을 가르쳐야 한다고 확고하게 믿었어요. 그것이 공공 교육자로서의 내 역할 중 하나라고 생각하고 교사들과 그런 것에 대해 얘기하는 데 많은 시간을 써요. 즉, 모든 학생이 할 수 있는 한 최상의 교육을 받아야 한다는 것이죠. 만일 학생들이 대학에 가겠다고 선택하면, 그들이 할 수 없다는 말을 듣게 해서는 안 돼요. 모든 개인은 그들이 정의하는 성공의 방식대로 성공을 정의하기 위한 기회를 가지죠.

포한과 유사하게 니에토도 자신의 낮은 사회계층적 위치가 경제적 취약계층 학생들을 위한 교육 기회를 옹호하는 출발점이었다고 생각하였다. 니에토는 좋은 교육에 접근하지 않고서는 가난한 학생들이 빈곤의 악순환을 깰 가능성이 거의 없다고 주장하였다. 그녀는 부모의 직업, 즉 그녀의 사회계층적 배경에 대해 다음과 같이 이야기했다.

이 나라에 처음 왔을 때, 아버지는 뉴욕에 있는 유대인 델리에서 일했어요. 아버지는 요리사였고, 어머니는 주부였어요. 어머니는 결혼 전에 아이스크림이나 캔디 공장에서 일한 것 같아요. 두 분이 결혼했을 때 아버지 나이가 꽤 많았지만, 어머니는 결혼 후에 집에 있었지요. 아버지는 마흔, 어머니는 서른둘이었어요. 아버지는 이 나라에 스물아홉에 왔어요. 유대인 델리에서 20년 동안 일하고 나니, 아버지의 나이는 마흔 아홉이었고, 나는 일곱 살쯤 되었죠. 델리가 문을 닫고 그 자리에 은행이 들어섰기 때문에 아버지는 직업을 잃었어요. 지금 떠올려보니, 아버지는 교육을 받지 못했고 다른 것을 할 수 있는 훈련도 받지 않았어요. 아버지는 융자를 얻어서 작은 잡화점을 샀어요. 작은 식품점이었죠. 카리브해나 라틴아메리카 식료품을 파는 식품점이요. 이 식품점은 우리 집 가까이에 있었어요. 우리가 사는 곳에서 한 블록 떨어진 곳에 있었죠. 땅에 있는 작은 구멍처럼, 매우 작았어요. 지하 가게였고, 푸에르토리코와 다른 카리브해 음식을 팔았어요. 몇 년 후에 아버지는 그것을 팔고 더 큰 거리에 있는 더 큰 곳으로 옮겼어요. 거기에서 쉰여섯이나 쉰일곱까지 일했어요. 격주 일요일에 한 나절 쉬는 것 빼고는 매일 하루에 14시간에서 16시간을 일했어요. 아버지는 정말 열심히 일했어요. 어머니는 남동생과 함께 집에 있어야 했어요. 남동생이 나보다 세 살 어려요. 그리고 그 당시에는 특수교육법이 없어서 어머니는 항상 남동생과 함께 있어야 했고, 동생은 교육을 받을 수 없었어요. 어머니는 아버지를 도우러 식품점에 매일 갔고, 동생을 데려가곤 했어요. 어머니는 식품점 주인이면서 근로자였죠.

그녀는 가족들이 그 당시에는 정말 다양하고 꽤 가난한 동네에서 살았다고 덧붙였다. "내가 10살까지 우리는 엘리베이터가 없는 5층 아파트에서 살았어요. 그러고는 또 다른 빈민가로 이사를 갔고요." 나중에 좋은 학교 근처로 이사를 가면서 친숙한 곳을 떠나야 했지만, 좋은 학교에 가서 그녀의 인생이 달라졌다고 하였다. "나는 그 전 동네에서는 가지 못했을 학교에서 좋은 교육을 받았어요." 니에토는 노동계층에 뿌리를 두었기 때문에 교육과 같은 기회가 개인의 능력에 따른 지위인 사회계층을 기반으로 한다는 것을 알게 되었다.

오오카 팡의 낮은 사회경제적 계층 배경은 계층 차이뿐 아니라 인종 특권도 보여주었다.

학교에서, 특히 고등학교에서 인기를 얻는 것은 계층과 인종으로 인한 것이었어요. 수제트라는 9학년 때 여자애가 기억나요. 그 애는 지금 중등학교 교사예요. 그 당시에 수제트는 엘렌스버그(Ellensburg)에 있는 유복한 가정 출신이었고, 그 애가 내게 다가왔던 기억이 나요. 가정경제학 수업에서였죠. 내가 나이가 좀 있잖아요. 그 시절에는 가정경제학을 들어야 했거든요. 우리는 그 수업에서 퍼즐을 재봉해야 했어요. 그때 그 애가 와서 나를 놀렸던 기억이 나요. 그 애는 내가 가진 줄자를 보고 그것을 잡아당겼어요. 내 것은 플라스틱으로 된 것이었는데, 그 애가 그것을 잡아당겨서, 두 동강을 냈어요. 그러고는 웃기만 했어요. 난 집에 가서 엄마에게 말했어요. 엄마는 돈이 없다고 했고요. 우리는 돈이 없었기 때문에 새 것을 살 수 없었어요. 그래서 그 시절에도 학급에서 차이가 있었던 것을 기억해요. 엄마는 내게 옷을 만들어 주셨는데 요새로 치면 99센트 가게인 스프라우즈 리츠(Sprouse Ritz)라고 부르는 가게에서 천을 샀어요. 월마트(Walmart)보다도 못하고, 울워스(Woolworth)랑 더 비슷한 곳이에요. 그래서 나는 계층 차이를 기억하고 있어요.

게다가 오오카 팡은 낮은 사회계층 출신이라서 사회계층 및 특권의 차이 그리고 특권의 결여에 대하여 알게 되었을 뿐 아니라 그녀의 사회계층 배경이 중등학교 교사로서의 진로를 준비하게 했다고 말했다. "나는 생존자 그 이상이죠. 고등 교육에는 너무 많은 장애가 있고, 정책들이 너무 살벌했기 때문에 당신도 생존자임에 틀림없어요."

사회정의 교육자들은 낮은 사회경제적 계층에서 성장하면서 경제적 불평등에 대한 인식을 키웠다. 이러한 사회계층 배경은, 훅스(Hooks, 1989)가 주장한 것처럼, 고등 교육자들이 거의 중산층 이상의 배경 출신이라는 규준을 반영하지는 않는다는 점에 유의해야 한다. 어린 시절에는 낮은 소득계층이었다가 성인기에 중간 이상의 계층으로 옮겨가면서 이들 사회정의 교육자들은 사회계층적 불평등에 직면하게 되었다. 특권층 배경 출신임에도 불구하고 쿠마시로와 다니엘 타텀은 경제적 억압에 대해 이해하고 있으며, 이것은 나라얀(Narayan, 1998)이 말한 "동조하는 외부자(sympathetic outsider)"(p. 46)로 볼 수 있다.

인종과 민족 정체성은 사회정의 교육자들이 사회정의 교육을 하는 데 중요한 역할로 작용한 표식들이다. 인종은 유색인 사회정의 교육자들이 사회정의 이슈에 참여하게 만든 비중 있는 요인이었다. 예를 들어서 하와이에서 성장한 일본계 미국인인 쿠마시로는 주위의 모든 사람들이 인종적으로 그와 유사했기 때문에 인종이 문제가 아니었다고 보고하였다. "그래서 나는 실제로 내가 주류였기 때문에 주류에 속한다고 느끼면서 성장했어요. 아시아계 미국인은 초·중·고등학교에서는 주류였어요." 쿠마시로는 나중에 그가 비록 주류처럼 느꼈음에도 불구하고, 학교에 다니고 텔레비전을 보면서 그의 정체성에 부조화가 일어났다고 말했다. "나는 모든 사람이 나와 비슷한 것 같이 느꼈어요. 그러나 내가 주위에서 보는 사람들과 학교에서 공부하거나 텔레비전 속에서 보는 것 사이에 괴리가 있었어요. 진짜 미국 사람들은 나와 같지 않은 사람들이었고, 그런 의미에서 다르다고 느꼈어요." 그 차이는 갈등의 원인이 되었고 그에게 의문을 불러 일으켰다. 쿠마시로는 자신이 지역사회에서 주류라고 느꼈음에도 불구하고, 왜 대부분의 교육과정과 미디어에서는 그가 살던 지역사회의 주류를 반영하지 않는지 의아했다. 인종적·문화적 차이로 인해 그는 넓은 사회에서 정상이라고 간주했던 것의 합법성에 의문을 제기하게 되었다. 정상이라고 여겨지는 것을 검토하고 의문을 제기하는 것은 사회정의로 향해 움직이는 중요한 단계이다. 크로스(Cross, 1995)와 다니엘 타텀(Daniel Tatum, 1997)의 연구에서는 유색인 학생들이 그들과 그들의 경험을 평가절하하는 백인 환경에서 심리적 부조화를 경험할 가능성이 높다는 것을 발견하였다. 쿠마시로가 느낀 부조화는 나중에 무엇이 개인을 미국인으로 만드는가에 대하여 비판적으로 검토하도록 촉구하였고, 그가 사회정의 교육자가 되도록 하는 추동력이 되었다.

일본계 미국인인 오오카 팡은 백인이 주류였던 시골에서 자랄 때 인종 차별을 경험했다. 그녀의 경험은 인종에 기반하여 백인에게 주어지는 특권과 유색인이 겪는 일상의 불이익들에 대한 인식을 높여주었다.

> 거기에는 유색인이 없었어요. 흑인 가족이 한둘 있었고, 그게 전부였어요. 나중에 훨씬 후에 중국인 가족이 이사 왔어요. 그 외에는 그곳에 살았던 다른 유색인이 기억나지 않네요. 그곳에 대학이 하나 있었던 것을 제외하면요. 대학에는 약간의 유색인 학생이 있었어요. 그곳에서는 억압적인 일이 많이 있었어요. 내가 자랄 때 사람들은 나를 "잽(Jap)"이라거나 뭐 그와 비슷한 말로 부르곤 했어요. 의지할 사람이 아무도 없었죠. 나는 그곳에서 혼자였어요. 1학년 때 로데스 아카데미(Lourdes Academy)에 갔던 기억이 나요. 그곳은 가톨릭 학교였고, 난 겨우 다섯 살이었어요. 학교에서는 실수로 나를 1학년에 배치했어요. 그리고 난 아직도 선생님이 교실 앞에서 나를 들어 올리고는 "여기 새로운 학생이 있어요."라고 말했던 기억이 나요. 나는 작은 인형이 된 기분이었어요. 다문화교육 전문가가 된 것은 아마 그런 인종차별이 있는 도시에서 자랐기 때문인 것 같아요.

백인 교사가 그녀를 들어 올려서 학급 전체가 그녀를 볼 수 있도록 했던 오오카 팡의 이야기는 힐 콜린스(Hill Collins)가 인종과 젠더의 교차성(intersectionality)[16] 또는 중복이라고 부른 것을 드러내준다. 그녀는 어린

....

16   교차성은 신분, 인종, 성별, 장애 등의 차별 유형들이 별개로 존재하는 것이 아니라 서로 결

일본계 미국인 소년이 아니라 소녀였기 때문에 교사는 그녀를 들어 올릴 수 있는 작은 이동식 인형으로 보았고, 교실 앞에서 보여주었던 것이라고 주장할 수 있다.

포한을 제외한 대부분의 백인 사회정의 교육자들은 인종 정체성이 사회정의 교육자가 되고자 하는 자신들의 선택에 영향을 미쳤다고 말하지 않았다. 백인 여성인 포한은 종종 멕시코계 미국인 여성으로 오해를 받았고, 그녀는 외모 때문에 멕시코계 조상을 둔 사람들의 경험에 대하여 이해할 수 있었다. 이는 부정적인 고정관념이 학생의 학업적 성공에 얼마나 손상을 입힐 수 있는지에 대하여 그녀가 복합적으로 생각하도록 하였다.

> 내가 백인이기는 하지만, 나는 종종 멕시코계 미국인으로 오해를 받았어요. 캘리포니아에서 멕시코계 미국인은 차별을 받아요. 사람들은 그들에 대하여 낮은 기대를 하고, 교사들도 낮은 기대를 하죠. 예를 들어, 나는 "캐시, 너는 이것보다 더 잘 할 수 있어"라고 말하는 교사를 본 적이 없어요. 그래서 나는 C를 받으며 학교를 다녔고, 부모님의 교육수준도 높지 않아서 나에게 도전하라고 요청하지도 않았어요.

그녀는 자신의 C학점을 외모 탓으로 돌렸다. 교사들은 그녀가 멕시코계 미국인이기 때문에 더 잘 할 수 있는 능력이 없다고 생각했음에 틀림없다. 그러나 학교에서 C를 받았음에도 불구하고, 포한은 고학년 동안 그녀가 대학에 갈 수 있다는 것을 대학 총장에게 납득시킴으로써 가까스로 대학에 갈 수 있었다. 포한은 자신이 백인 특권으로 대학 총장과 대화할 수 있었다고 생각하지 않았지만 이 부분에 대해 지적을 받자 백인 특권이 자

....

합하여 영향을 미친다는 의미를 담고 있다.

신의 대학 입학에 영향을 미쳤을 수 있다고 동의하였다. "만일 내 숙모가 그곳 교수와 아는 사이가 아니었다면, 난 총장 사무실에 앉을 기회를 얻지 못했을 거예요. 그때는 내가 그렇게 생각했던 것 같지는 않아요. 확실히 아는 사람을 통해 많은 것을 얻을 수 있겠죠." 덧붙여서 포한은 그녀가 인종 차별로 인해 유색인 친구와 동료들이 마주치는 장애들을 관찰하면서 자신의 백인 특권 지위에 대하여 알게 되었다고 보고하였다.

나는 회의에 가서 플래그스태프(Flagstaff) 대학교에서 온 교수를 만났어요. 그리고 돌아와서 그녀와 시간을 보냈어요. 그녀는 내 생각을 밀어붙이는 데 큰 영향을 미쳤어요. 그녀는 멕시코계 미국인 여성이예요. 나는 그녀가 교수로서뿐 아니라 맥시코계 미국인 여성으로서 이슈들을 다루는 것을 보았어요. 심지어 최근에 그녀는 종신직과 관련하여 차별을 받았어요. 작년에 그녀는 여성, 갈색 피부의 여성으로서 확실히 내 생각에 영향을 미쳤어요. 그녀는 지금은 종신직을 받았어요. 작년에 승진을 요청하러 갔을 때 처음에는 거부당했어요. 같은 시기에 연구 실적이 없는 두 명의 백인 남성이 승진했어요. 그녀는 거기에 도전했고 결과는 뒤집어졌어요. 하지만 그녀는 법정까지 가야 했어요. 그녀는 공정한 대접을 받기 위해 가외로 불필요한 에너지를 많이 써야 했어요. 그것이 내 경험은 아니었기 때문에 나는 그런 경험에서 떨어져 있긴 했어요. 하지만 나는 그 경험을 지켜볼 수 있었고, 똑같은 부당함과 불평등이 수년 동안 계속되었다고 말할 수 있어요.

교사가 멕시코계 미국인인 그녀가 잘 할 수 없을 거라고 생각했기 때문에 학문적으로 자극을 받지 못했던 학창 시절의 경험, 유색인 친구를 통한 대리경험 등은 포한이 제도화된 차별뿐 아니라 백인에게 부수적으로 따르는 선천적인 특권들에 대하여 의식하도록 했다.

백인 여성인 베일리 또한 인종차별주의, 그리고 인종차별주의를 막을 필요성에 대한 자신의 인식이 유색인을 통한 대리경험에서 나왔다고 보고하였다. 2장에서 베일리는 피부색 때문에 백인 학생들로부터 왕따를 당했던 아메리카 원주민 소년인 마빈과의 경험을 이야기했다. 베일리는 다른 아이들이 피부색 때문에 마빈을 조롱했던 것을 알았음에도 불구하고, 백인 특권에 대한 자신의 입장을 충분히 이해하지 못했다고 보고하였다. 그녀는 자신의 백인 특권을 물속에 있는 물고기에 비유했다. "물고기는 자기가 물에서 헤엄치고 있다는 것을 알지 못해요." 왜 그녀의 또래들이 마빈을 그런 식으로 취급하는지를 묻는 그녀의 질문에 대한 어머니의 반응은 베일리에게 가르침을 주었다.

나는 어머니에게 "엄마, 모든 애들이 왜 그렇게 마빈을 안 좋아하는 걸까요?"라고 물으면서 집에 오던 기억이 나요. 엄마는 "그건 문제가 아니야. 문제는 네가 마빈을 좋아하는가야."라고 말했어요. 나는 "예"라고 말했고, 어머니는 "그게 중요한 거란다. 그 애의 피부색이나 그런 류의 다른 것과는 아무 상관이 없어."라고 말했어요. 어린 시절부터 그런 일이 있었고, 그것은 내게 매우 중요했어요.

베일리 어머니의 말은 그녀에게 인종차별적인 지배 이데올로기가 개인에 의해 거부될 수도 있음을 가르쳐주었다. 어머니의 말은 그녀가 주류의 인종차별 이데올로기에 순응할 필요가 없으며, 그럼으로써 변화가능성의 뿌리를 심을 수 있다는 것도 보여주었다. 요약하면, 백인 참여자들에게 있어서 백인특권은 보이지 않기도 하고 보이기도 하였다. 그것은 언급되지 않으면 결코 보이지 않았으며, 유색인이 주변에 있을 때만 보였다.

인종적 위치성이 유색인 사회정의 교육자와 백인 사회정의 교육자들에게 중요한 역할을 한 반면, 니에토나 다니엘 타텀의 젊은 시절에는 중요한 요인이 아니었다. 그들이 성장하여 자신의 인종 정체성이 어떻게 자신이 세상을 바라보는 창이 되었는가를 이해하면서 그것은 중요한 요인이 되었다. 예를 들어, 다니엘 타텀은 매사추세츠의 작은 도시에서 흑인 소녀로 성장하면서 인종 때문에 경험한 부정적인 기억을 떠올리지 못했다.

우리 아버지는 그의 대학에서 고용한 최초의 아프리카계 미국인 교수들 중 한 명이었어요. 우리는 명분상으로 인종이 통합된 동네에서 성장했지만, 실제로는 통합되지 못했어요. 대부분이 백인 이웃들이었죠. 우리는 그 동네에 살게 된 최초의 흑인가정이라는 것을 확실히 알고 있었어요. 그것이 나쁜 경험은 아니었지만, 나는 부모님이 그 지역사회에서 교수 경험을 하는 동안 다양한 인종차별 이슈들을 다뤄야만 했다는 것을 알고 있어요. 우리 가족이 그것에 대해 토론하느라고 많은 시간을 쓰지 않았는데도 나는 확실히 그 사실을 알고 있었어요. 고등학생 때 우리 지역 하원의원 선거구의 대표가 되어 워싱턴에서 열린 회의에 참석할 기회를 가졌어요. 그것은 젊은 미국인을 위한 대통령직 탐구(Presidential Quest for Young Americans)라고 부르는 전국 고등학생 모임이었고, 각 하원 선거구에서 두 명의 대표를 보냈어요. 나는 우리 학교 구역의 대표들 중 한 명으로 참석했고 전국에서 온 모든 젊은이들을 만났어요. 남부에서 온 몇 명의 흑인 학생들과 대화를 했는데 그들은 나에게 우리 지역사회에서의 인종차별에 대해 물었어요. 나는 인종차별이 없다고 말했던 것으로 기억나요. 보스턴은 인종차별 지역이었어요. 모든 사람들이 그걸 알고 있었지만, 내가 살던 동네에서는 인종차별이 이슈가 되지 않았어요. 나는 그것이 그 시절의 내 경험이었다고 확신해요. 하지만 성인이 된 지금 돌이켜보면, 내가 살던 도시에는 물론 인종차별이 있었어요. 내가 그 것을 보지 못했던 것이죠. 나는 욕을 하는 것 같은 직접적인 방식으로 인 종차별을 경험하지는 않았어요. 빈민가에 사는 것이 어떤 것인지에 대하 여 물었던 사람 말고는 교실에서 나를 지목하는 사람은 없었어요. 내가 도회지나 빈민지역에서 살아본 경험은 없었는데도, 그 사람은 내가 흑인 이었기 때문에 내게 물었던 것이 확실해요. 내가 단순한 편이었다고 생 각해요.

비록 다니엘 타텀이 흑인이라는 이유로 직접적인 인종차별을 경험하 지 않았지만, 백인이 주류를 이루는 학교에서 인종적으로 소외되었던 경 험은 그녀가 대학에서 유색인 또래들만 찾아서 상호작용하도록 이끌었다. "내 사회적 관계망은 전적으로 흑인과 라틴계들이었어요. 그래서 나는 내 경험이 인종차별주의 이슈에 대한 내 인식을 높여주는 데 기여했다고 말하 고 싶어요." 나중에 인종적 정체성에 대해 이해하게 되면서 그녀는 결국 사 회정의 교육자가 되도록 자극받았다.

니에토의 인종적 의식 또한 그녀가 나이가 들면서 발달하였다. 그녀는 스페인을 방문하고 나서 자신의 정체성에 대해 받았던 교육을 비판적으로 검토하게 되었다고 말했다.

내가 스페인에 있을 때 뭔가가 일어났어요. 파시스트 정권인 프랑코 정 권에 시달리고 있을 때였어요. 그러나 너무나 역설적이게도 내가 푸에르 토리코사람이 된 것은 그곳이었어요. 그곳에서 사람들이 나를 푸에르토 리코사람으로 보았고, 내가 그들의 언어를 말할 수 있다는 사실을 높이 평가했어요. 그들은 그게 대단하다고 생각했어요. 남편을 만난 곳도 그 곳이에요. 그는 항상 그것이 매우 긍정적인 일이라고 생각했어요. 그래서 내가 긍정적인 방식으로 느끼고 정체성을 발달시키기 시작한 곳이 그곳이에요.

『다양성의 인정(*Affirming Diversity*)』에서 니에토는 푸에르토리코 식민지 개척국가로서 스페인이 그녀의 마음에 억압적인 역할을 했다고 주장하였다. 그럼에도 불구하고 스페인에서의 경험이 그녀의 긍정적인 인종 정체성 발달을 촉진하였다. 그것은 그녀가 사회정의 교육자가 되는 데 핵심적인 것이었다.

인종과 민족에 더하여, 젠더와 성적 취향(sexuality) 또한 사회정의 교육자들이 사회정의를 위해 교육하는 데 영향을 미친 위치성이다. 많은 사회정의 교육자들은 젠더와 성적 취향 스펙트럼에서의 자신의 위치가 그들이 사회정의 교육에 참여하도록 의식을 고양시키고 촉진했다고 하였다. 예를 들어 안드르제쥬스키는 성차별주의자인 남성을 상대한 경험이 그녀가 사회정의 교육에 참여하게 된 이유 중 하나였다고 말했다.

나는 한 남성과 평등한 관계를 가질 수 있을 것 같지 않았어요. 나는 그들과 논쟁했고, 논쟁을 하자고 말하곤 했어요. 시도해 보았지만 성공적이지는 않았죠. 나는 혼자가 될 수 있다고 결심했는데, 괜찮은 것 같았고, 나 스스로 삶을 꾸릴 수 있었어요. 50년대에 성장한 어린 여자아이들은 결혼을 꿈꿨기 때문에 그건 굉장히 강력했어요. 우리는 그렇게 훈련 받았던 거예요. 나는 내 이름을 모든 남자친구들의 이름과 함께 써보곤 했어요. 그것이 어떻게 들리는지 보기 위해서였죠. 그런 바보 같은 일들이 50년대와 60년대에 성장한 여자아이들에게는 정말 일상적인 일이었어요. 그래서 '아니요'라고 말하는 것은 매우 여파가 컸어요. 난 열아홉에 결혼했고, 스물넷에 이혼했어요. 남편이 나를 여성주의자로 만들었어요.

내가 혼자 있는 것이 행복하고 행복할 거라는 걸 알게 해 주었기 때문이죠. 그것은 전적으로 나를 만들어준 어떤 것이에요.

베일리는 그녀가 소녀이기 때문에 능력이 제한적일 거라고 생각하는 가족을 둔 것이 사회정의 교육자가 되는 동기가 되어주었다고 하였다. 그녀는 "착한 여자아이"가 되게 하려는 부모의 열성이 자신의 진실한 정체성을 빼앗았다고 말했다.

부모님들은 자신들이 생각하기에 옳은 것을 하고 있었어요. 부모님들은 내가 잘못되었다고 생각해요. 그러나 부모님들은 나를 멀리하였고, 거리를 두려고 했으며, 나는 일생 동안 나를 되돌려 놓으려고 했죠. 누군가 피부색, 언어, 젠더 또는 사회경제적 지위 때문에 거절당할 때마다 내 안의 어떤 것이 나와서 그것은 옳지 않다고 말해요. 나는 어릴 때 나 자신을 방어할 수 없었기 때문에 항상 남들을 방어하는 데에서 열정이 나왔어요.

'착한 여자아이'가 된다는 것은 또한 이성애 관계에 참여한다는 기대를 충족시키는 것을 의미했다. 베일리는 레즈비언인 것을 들켜서 결국 직업을 잃을 것이라는 두려움이 몇 년간 그녀가 비밀을 지키도록 했다고 하였다. 비밀이 있다는 것은 고통스런 경험이었고, 그 경험은 그녀에게 공개적으로 말하는 것의 중요성에 대하여 가르쳐주었다.

나에게 직업이 없다는 것은 자신에게 충실하지 않다는 것을 의미해요. 내가 콜로라도에서 지내기 전에는 레즈비언이라고 공개적으로 말하지 않았어요. 직업을 잃을 것 같은 두려움 때문에 벽장 안에 숨겼던 거죠.

나는 두려웠어요. 주헌법 수정 2조[17]의 기간 동안 콜로라도에 있었어요. 그 법은 게이와 레즈비언들이 접근하는 것을 거부하는 시도였어요. 나는 잃을 것이 없다고 결심했어요. 목소리를 높여 내가 누군지 말하지 않는다면 나는 거짓말을 하는 것이었고, 더 이상 거짓말을 하면서 살고 싶지 않았어요.

레즈비언 여성으로서의 입장을 취하면서 베일리는 사회적으로 구성된 젠더의 경계와 선언되지 않았지만 강제적인 이성애의 해롭고 억압적인 면을 이해하게 되었다. 따라서 그녀가 사회정의 이슈에 참여한 것은 일부분 이성애주의 때문이었고, 자기주장과 자기보호를 추구한 결과라고 볼 수 있다. 마찬가지로 포한의 연구는 사회정의 교육의 이슈에 성적 지향을 포함시키는 것의 중요성을 강조한다. 그녀는 자신이 레즈비언인 것이 사회정의 교육자가 되도록 선택하게 하는 힘은 아니었지만, 오늘날 그녀가 하는 작업을 시작하고 구체화하게 하였다고 말하였다.

그것이 나로 하여금 사회정의 옹호자 또는 사회정의를 위한 교육자가 되도록 선택하게 하지는 않았어요. 그러나 지금은 나를 격려하고 있어요. 아이가 없음에도 불구하고 아이들이 부모로서의 나에 대해 자부심을 느끼며, 학교에 가족사진을 가져갈 때 거리낌 없이 가져가고 부끄러워하지 않도록 만들고 싶기 때문이죠. 가족이 성공적으로 묘사되지 않기 때문에, 또는 다른 성공적인 가족처럼 구성되지 않았기 때문에 수치를 느끼는 아이들이 많아요.

....

17 콜로라도 주에서 1992년 11월 통과된 "amendment 2"는 누구도 동성애 혹은 양성애 성향, 행위, 관계 등을 이유로 소수자 보호, 소수자 쿼터를 요구할 수 없게 하는 조항이었다. 주민투표 결과 53:47로 통과되어 논란이 시작되었다.

쿠마시로는 "퀴어"인 것이 자신을 사회정의 교육자로 만드는 데 "매우 큰 부분"이었다고 진술하였다. 그는 성격형성기인 아동기를 이성애 남성으로서 살았다고 하였다. 그가 "퀴어"임을 확인하기 시작한 때는 대학에 간 이후였다. "한때는 내가 주류라고 확신했는데 한 순간에 비주류로 느껴졌어요. 이 유동적인 정체성의 경험뿐만 아니라 주변화의 경험이 큰 역할을 했다고 생각해요."

오오카 팡은 여성으로서의 정체성이 그녀가 사회정의 교육의 지지자가 되도록 한 이유들 중 하나인 인종 정체성과 불가분하게 연관되어 있다고 주장하였다. 오오카 팡은 그녀의 주장을 설명하기 위해 다음의 이야기를 이어서 들려주었다.

내가 회의에 참석했던 어느 날이었어요. 5년 전쯤이니까 그리 오래 전 일은 아니네요. 나는 주요 대학의 전임교수였어요. 내 동료들 중 백인 남성 한 명이 걸어 내려왔어요. 나는 이 장면을 생생하게 기억해요. 홀로 걸어내려 와서 내게 "안녕, 밸"이라고 말했어요. 나는 "안녕"이라고 했죠. 그의 이름은 존이에요. 나는 "안녕 존, 잘 있었어?"라고 했죠. 그는 "응, 잘 있어"라고 했죠. 그러고 나서 그는 내 머리 꼭대기에 키스를 했고, 나는 "이건 뭐지?"라고 생각하고 있었죠. 그래서 나는 "존, 뭐하는 거야? 이상하잖아."라고 했어요. 나는 그에게 내가 그를 때려눕히지 않은 걸 행운으로 여기라고 말했죠. 다음번에는 무릎을 들어서 그의 얼굴이나 다른 곳을 때릴 수도 있다고 말했죠. 그는 깜짝 놀라서 나를 쳐다보았죠. 당신도 알다시피 그는 나를 중국 인형쯤으로 생각했던 거예요. 나는 주요 대학의 교수인데 말이죠.

오오카 팡은 이러한 경험들이 아시아계 미국인 여성이라는 정체성의 결과라고 주장하였다. 아귈라도 여성이자 유색인으로 비슷한 경험을 하였다. 성별이 구분되는 전통적인 가정 내에서 멕시코계 미국인 소녀로서 그녀는 여성이 되는 것이 무엇을 의미하는가에 대해 모순적인 메시지를 항상 받았다. 그녀의 문화에서는 한편으로 여성은 남성에게 봉사해야 하고, 한편으로 나이든 여성은 존경을 받아야 한다고 가르쳤다.

나는 증조할머니에 대하여 이런 인상을 받았어요. 증조할머니는 멕시코에서 방문차 오셨는데, 텍사스에서 세상을 떠났어요. 우리 할머니를 방문하러 오셨었죠. 내가 기억하는 증조할머니는 키가 122cm 정도였고, 긴 면 스커트와 주머니 달린 앞치마를 입었으며, 담배를 피웠어요. 증조할머니는 심지어 마리화나의 일종인 포트와 모타를 피우기도 했어요. 그녀는 모든 남성들이 경의를 표하는 작은 여성이었죠. 나는 "이게 뭐에요?"라고 말했었죠. 증조할머니가 방으로 걸어 들어왔고, 남자들은 그녀의 시중을 들곤 하였어요. 증조할머니는 위대한 뭔가와 같았어요. 증조할머니가 그렇게 말하곤 했거든요. 증조할아버지가 1927년에 돌아가신 후로 증조할머니는 과부로 지내다가 1964년에 돌아가셨어요. 오랜 동안 혼자셨어요. 어린아이로서 나는 진지하게 "증조할머니가 가진 게 무엇이건 나도 조금이라도 갖고 싶어"라고 생각했어요. 나는 소심한 애였어요. 나는 많은 관계를 지켜보았어요. 나는 꽤 뚜렷한 성차별을 받으며 자랐어요. 우리 집은 매우 전통적이고 성차별적인 가정이었어요. 여자아이는 무엇이건 남자아이를 시중들도록 요구받았어요. 거기에 의문을 제기하지 않았고요. 나는 그것을 지켜보면서 뭔가 잘못된 것처럼 느꼈어요. 그렇지만 나는 또한 뭔가 괜찮은 것같이 느끼기도 했어요. 증조할머니는 연장자였고 무뚝뚝했어요. 존경심으로 인해 우리는 증조할머니에게 아무것도 말하지 못했어요. 증조할머니는 모두에게 그들이 할 수 있는 것을 말할 수 있었고, 우리는 연령과 젠더 때문에 존경하면서 듣곤 했어요. 나이 든 여성에게는 호통 칠 수 없었어요. 그것은 성차별주의적이었지만 나는 혜택을 보았어요. 나는 "나도 늙으면, 저런 거 받아보고 싶어요."라고 말했어요.

아퀼라의 증조할머니의 성정체성과 행동은 성과 젠더 평등을 지향하기 위한 아퀼라의 흥미에 영향을 미쳤다. 증조할머니의 "힘"은 아퀼라에게 존경받고 대우받는 여성이 되는 게 가능하다는 것을 가르쳤다. 증조할머니가 그녀에게 가능성의 문을 열어준 셈이다.

젠더와 성적 지향으로 인해 억압의 대상이 되었던 사회정의 교육자들은 그로 인해 사회정의 교육자가 되도록 격려 받았다. 오오카 팡과 아퀼라에게, 인종과 젠더의 교차성은 사회정의 교육에 참여하는 데 영향을 미쳤다. 힐-콜린스(Hill-Collins, 1990)와 래드슨-빌링스(Ladson-Billings, 1996)는 유색인이든 아니든 어떤 사람도 단일 정체성만을 갖지 않는다고 지적했다. 따라서 오오카 팡과 아퀼라의 다중적 위치는 놀라운 것이 아니다. 『흑인 성 정치학(Black Sexual Politics)』에서, 힐-콜린스(2004)는 젠더와 성적 취향은 인종과 함께 작용한다고 하였다. 그래서 사람들은 인종이라는 표식으로부터 젠더와 성적 취향이라는 표식을 분리할 수 없다고 주장하였다.

이 장은 위치성이 사회정의 교육자들이 사회정의를 위한 교육을 선택하는 데 중요한 역할을 하였음을 보여주었다. 사회정의 교육자들이 사회정의 교육자가 되는 데에는 두 유형의 위치성이 영향을 미치는 것으로 확인되었다. 하나는 사회계층, 인종, 성적 취향, 그리고 국적과 같은 배경 표식에 근거한 것이다. 둘째는 사회정의 교육자들이 그들이 접촉했던 또래와 다른 사람들을 통해 경험한 대리위치성이다. 대리위치성은 사회정의 교육자들이 개인을 공감하는 입장에 서게 하였고, 그럼으로써 그들이 주변화된 정체성을 가진 사람들을 옹호하도록 촉구하였다.

1 교사교육을 위한 교훈

위치성은 우리가 옳다고 믿는 것뿐만 아니라 우리가 믿는 이유를 이해하기 위한 토대가 된다. 위치성은 사회변화의 주체로서 교사 정체성 발달을 이해하기 위해 중요하다. 『교사교육에서의 다양성 연구(*Studying Diversity in Teacher Education*)』에서 볼과 타이슨(Ball & Tyson, 2011)은 교사가 교실 내 사회정의에 영향을 미치기 위해서는 자신의 위치성이 어떻게 정체성에 영향을 미치는지 이해하고 탐색하는 것이 중요하다고 지적하였다. 자신의 정체성을 이해하는 것과 더불어, 사회정의 교육자들의 내러티브는 위치성 이론과 개념을 확장한 대리위치성이라는 새로운 이론을 제안한다. 예를 들어 백인 사회정의 교육자와 다니엘 타텀은 성장하면서 직접적으로 인종에 기반한 부정적인 경험을 하지는 않았지만, 인종에 기반한 차별을 대리경험할 수 있었다. 그래서 그들에게는 인종에 기반한 차별을 직접적으로 받았던 사람들에 대한 인식이 발달되었다. 대리위치성은 자신의 비판의식 혹은 프레이리(Freire, 1970)가 소위 의식화(conscientization)라고 일컬었던 것으로 사회정의의 뿌리를 발달시키는 데 중요한 역할을 제공한다. 비판의식은 경제, 사회, 문화, 정치적 속성이 어떻게 인간관계를 조성하는지에 대한 인식을 의미한다. 이러한 인식은 사람들이 자신을 사회적이고 역사적인 선행사건들 속에서 바라보도록 요구한다. 사회적이고 역사적인 선행사건들은 개인의 위치성에 기반을 두고 발생해 왔다. 개인이 자신을 어떤 위치에 놓았을 때, 자신이 억압받는 자에 속하는지 또는 억압을 촉진하는 자에 속하는지 아니면 양쪽 모두에 속하는지에 대해 이해하기 시작한다(Adams et al.,1997). 프레이리(Freire, 1970)는 자신의 위치에 대해 아는 것은 자신의 신념, 가치, 이념들에 대해 질문하게 하여 결국 이러한 것들이 변화될 기회를 제공한다고 주장하였다.

프레이리와 유사하게 훅스(1994)도 비판의식을 억압적인 교육형태를 뿌리 뽑고 사회정의를 달성하기 위한 첫 단계로 받아들였다. 훅스(1994)는 비판적 의식은 자신을 백인, 남성, 부유함을 숭배하는 사회에서 만들어진 산물로 인식하는 개인적인 능력으로 정의한다. 훅스는 개인이 백인 중산층 남성 지상주의 사회의 산물이라는 사실을 인식하고 받아들였을 때에만 사회정의 달성을 위한 여정을 시작할 수 있다고 하였다. 비판적 의식에 대한 바르톨로메(2004)의 개념이나 그녀가 정치적 또는 이념적 명확성이라고 부른 것은 자신이 위계구조를 없애기 위해 움직일 수 있음을 인식할 때 존재한다. 레이스티나(Leistyna, 1999)는 이러한 과정을 정신차림(presence of mind)이라고 지칭하였다. 정신을 차리거나 인식한다는 것은 "문화적 가정에 대한 사회적 특징"(p. 14)과 사회구조 내의 불평등한 권력관계의 존재를 드러낸다. 개인이 사회에서 어떤 위치에 있는지를 성찰함으로써 그들은 또한 소외된 집단에 뿌리내린 일부 편견을 없앨 수 있다.

인종차별에 관한 의식은 백인 사회정의 교육자들에게 대리위치성을 통해 발달되었다. 포한의 경우 유색인 친구가 제도화된 인종차별주의에 직면했을 때, 그녀는 친구의 입장에서 대리적으로 생각해 볼 수 있었다. 마찬가지로 베일리는 마빈과의 경험을 통해 인종차별주의의 부정적 영향에 대해 배웠다. 이 장은 위치성과 대리위치성이 사회정의 교육자들의 사회정의 교육 참여에 중요한 역할을 하였음을 알려준다.

1 잠시 시간을 내서, 인종, 젠더, 사회계층, 장애, 이주민 지위, 그리고 성적
취향을 근거로 당신의 위치성 도표를 만들어보자. 첫째, 당신은 어디에
있는가? 주류민의 위치에 있는가? 비주류민의 위치에 있는가?
(이 질문들은 미국 거주민임을 상정하고 만들어졌다.)

• 인종에 있어서, 당신이 백인이라면 당신은 주류민의 위치에 있고, 유색
인이라면 비주류민의 위치에 있다.

• 젠더에 있어서, 당신이 남성이라면 주류민의 위치에 있고, 여성이라면
비주류민의 위치에 있다.

• 사회계층에 있어서 당신이 중산층 이상이라면 주류민의 위치에 있고,
중간층이나 그 아래에 있다면 비주류민의 위치에 있다.

• 장애에 있어서, 당신의 신체가 건강하다면 주류민의 위치에 있고, 장애
가 있다면 비주류민의 위치에 있다.

• 성적 취향에 있어서 당신이 이성애자라면 주류민의 위치에 있고,
LGBTQI라면 비주류민의 위치에 있다.

• 이주민 지위에 있어서, 당신의 가족이 적어도 한 세대 동안 미국에 있
었거나 당신이 미국에서 태어났다면 당신은 주류민이다. 당신이 최근에
이민 왔거나, 미국에서 태어나지 않았다면, 비주류민의 위치에 있다.

이제 당신의 위치가 각각의 위치성 표식에서 억압을 지각하는 방식에
어떤 영향을 미치는지 생각해보자. 당신의 위치성은 당신이 어떤 이슈를
보지 못하도록 하고, 어떤 이슈들에 대해서는 민감해지도록 하는가?

2 베일리의 어머니는 마빈과의 일을 다루면서 베일리가 독립적인 사고주
   체가 되어야 하며 인종차별적인 견해를 버려야 한다고 주장하였다. 베일
   리의 어머니는 지배적 이념이 구체적인 것을 넘어서 침투적이기까지 하
   지만, 그럼에도 불구하고 아메리카 원주민 남자아이를 좋아할지 그렇지
   않을지는 그녀에게 달려 있기 때문에 베일리가 지배적 이념에 순응하지
   말아야 한다고 말해주었다. 당신은 젠더에 대한 고정된 견해와 인종에
   대한 유연한 견해를 어떻게 비교할 것인가? 베일리의 어머니를 통해 위
   치성에 있어서 어떤 교훈을 얻었는가?

3 당신의 위치성과 대리위치성을 이해하는 것은 당신이 사회적으로 정의
   로운 교육자가 되는 데 어떤 도움을 줄 수 있는가?

참고문헌

Adams, M., Bell, L.A., & Griffin, P. (1997). *Teaching for diversity and social justice*. New York: Routledge.

Ball, A.F., & Tyson , C.A. (2011). *Studying diversity in teacher education*. Laham : Rowman & Littlefield Publishers Inc.

Bartolome, L. (2004). Critical pedagogy and teacher education: Radicalizing prospective teachers. *Teacher Education Quarterly, 30*(1), 97–122.

Cross, W.E., Jr. (1995). The psychology of Nigrescence: Revising the cross model. In J.G. Ponterotto , J.M. Casas, L.A. Suzuki, & C.M. Alexander (Eds.), *Handbook of Multicultural Counseling* (pp. 93–122). Thousand Oaks: Sage Publications.

Daniel Tatum, B. (1997). *Why are all black kids sitting together in the cafeteria: And other conversations about race*. NY: Basic Books.

Freire, P. (1970). *Pedagogy of the oppressed*. New York: The Continuum International Publishing Group Ltd.

Hill-Collins, P. (1990). *Black feminist thought: Knowledge, consciousness, and the politics of empowerment*. London: Hyman.

Hill-Collins, P. (2004). *Black sexual politics: African Americans, gender, and the new racism*. New York: Routledge .

Hooks, B. (1989). *Talking back: Thinking feminist, Thinking black*. Toronto: Between the Lines.

Hooks, B. (1994). *Teaching to transgress: Education as practice of freedom*. NY: Routledge.

Koppelman , K. (2001). *Values in the key of life: Making harmony in the human community*. NY: Baywood Publishing.

Ladson-Billings, G. (1996). Silences as weapons: Challenges of a black professor teaching white students. *Theory into Practice, 35*(2), 79–85.

Leistyna, P. (1999). *Presence of mind: Education and the politics of deception*. Boulder: Westview Press.

Narayan, U. (1998). Essence of culture and a sense of history: A feminist critique of cultural essentialism. *Hypatia, 13*(2), 86–106.

Tetreault, M.A. (Eds.) (1994). *Women and revolution in Africa, Asia, and the new world*. Columbia: University of South Carolina Press.

6장

현장의 영향

개요

이 장에서는 참여자들의 삶과 사회정의를 교육하기로 한 선택에 교사, 교수 및 다른 전문가가 미친 중요한 영향을 조명한다. 참여자들은 사회정의 교육에 대한 관심을 촉발시킨 교사와 교수, 현장과 구체적인 교육과정 및 독서 자료의 영향을 이야기하였다. 가장 중요하게, 이 장은 교육과정, 교사와 학생의 상호작용, 그리고 학교에서 일어난 사건들이 사람들의 삶에 중요한 영향을 미쳤다는 것을 보여준다. 이 장은 교육이 지적인 작업이 아니라는 일반적인 신념에 반대되는 증거들을 보여준다. 이 장의 마지막에 제시된 성찰질문은 독자들이 교실 내에서 받은 영향과 자신이 선택한 교육과정에서 제공한 교훈의 특징을 깊이 생각하도록 한다.

핵심 용어

사회정의 모델링, 교사, 교수, 교육과정, 편견 감소, 학교 경험

인간의 성장과 발달은 지속적이고 역동적이며 때로는 모순되고 대립되기도 한다. 그러한 성장과 발달은 모든 직업에서 발생하며, 특히 교직에 있어서는 더욱 그렇다. 더 많이 가르칠수록 더 많이 배운다(Dewey, 1938; Freire, 1970; Grant, 2012). 사회정의 교육자들의 경우 공립학교와 대학에서 가르친 경험은 사회정의에 대한 그들의 생각과 비전을 만들고 발전시켜 주었다. 이 장은 사회정의 교육자들이 교육현장에서 받은 영향을 다룬다. 이 장의 내러티브는 '교육현장이 그들의 사회정의 교육을 향한 경향에 영향을 미쳤는가?', '만일 그렇다면 그들이 사회정의 교육자가 되는 데 어떻게 영향을 미쳤는가?'라는 두 가지의 질문에 답한다.

일부 사회정의 교육자들은 처음 교직을 시작했을 때 사회정의를 가르칠 준비가 되어 있지 않다는 사실을 발견했다고 하였다. 예를 들어, 『다문화교육: 돌봄 중심의 성찰적 접근(*Multicultural education: A caring-centered, reflective approach*)』에서 오오카 팡은 학급에서 아프리카계 미국인 학생들에 대한 지식이 부족해서 대안적 교수법을 찾아야 했고, 그로 인해 학생들을 인종적으로 소외시키지 않게 되었다고 하였다. 그녀는 다음과 같이 보고하였다.

내가 가정 방문을 했을 때, 도시 내 흑인 가정에 대해 고정관념을 갖고 있었어요. 그들의 집이 지저분할 것이고, 집 앞에 서 있는 낡은 차 같은 식의 끔찍한 뭔가를 생각했던 거죠. 나는 수많은 가정을 방문했지만 집 앞에서 낡은 차를 보지 못했어요. 그리고 안으로 들어가면 집들은 항상 깔끔하고 좋았어요. 모든 가정들은 매우 잘 관리되고, 깨끗했으며, 깔끔했어요. 난 스스로에게 말했죠. "밸. 너 꽤나 편견에 사로잡혀 있구나. 넌 이 사람들에 대해서 완전히 잘못 알고 있었어. 도대체 어디서 배운 거니?" 내가 의도적으로 그런 사람들이나 어떤 것에 대해 나쁘다고 생각하진 않았어요. 난 단지 미디어와 내가 읽었던 책에서 배운 거죠. 아마도 내가 봤던 셜리 템플[18]의 영화들 때문일 거예요. 가정 방문을 통해서 내가 꽤나 편협하고 편견을 가졌다는 걸 깨달았어요. 그러고 나서 그것이 가르칠 때 어떤 영향을 미치는지 내 자신에게 묻게 되었어요. 그래요. 그렇게 시작됐어요.

자신의 신념과 편견에 의문을 제기하는 오오카 팡의 능력은 사회정의 교육을 향한 첫 걸음이었다. 자신의 신념과 편견을 평가하는 것은 스스로의 편견에 솔직해져야만 가능해지기 때문에 쉬운 일이 아니다. 스스로를 개인적으로 평가하는 것은 어려운 일이지만, 이것은 그랜트(2012)가 사회정의 교육을 실현하기 위한 "첫 번째 핵심적인 실천"이라고 불렀던 것이다 (p. 920).

오오카 팡과 마찬가지로 코펠만도 코네티컷에 있는 도시 학교에서 인종적·문화적으로 다양한 학생들을 가르치는 경험을 하면서 특히 흑인 학생들의 요구를 다룰 준비가 부족했다는 것을 알게 되었다. 그는 다음과 같이 보고하였다.

그것은 엄청난 학습 경험이었죠. 그 점이 정말로 감사해요. 그 경험은 내게 다양한 집단의 학생들을 가르칠 수 있다는 자신감을 갖게 해 주었고, 중서부의 백인 아이들만을 가르치는 한계에서 벗어나게 했죠. 내가 다른 환경으로 가도 성공할 수 있다는 것을 알게 되었어요. 내가 중서부에서 했던 일은 코네티컷에서 했던 일과 같은 일이었고, 아이들로부터 매우

......

18   Shirley Temple(1928-2014). 미국 배우로 대공황 시기였던 1930년대 미국 대중에게 희망과 위안을 주었던 대표적인 아역배우였다.

비슷한 긍정적인 반응을 얻었죠. 사실 내가 가르쳤던 세 고등학교가 있는데, 그 중에 브리지포트(Bridgeport) 출신의 세 명의 학생들과 연락하고 있어요. 세 명 모두 여전히 편지를 쓰고, 우리는 가끔 만나죠. 어떨 때는 나를 방문하러 오기도 해요. 그러나 내가 거기에 갔을 때 다양한 학생들과 함께 할 준비가 전혀 되지 않았다는 점을 깨달았었죠. 내가 지금 대학에서 가르치는 수업이 그때 있었다면 유용했을 것 같아요.

적절한 예를 하나 들어보죠. 고등학교와 중학교가 있었어요. 이사장이 중학교까지 사업을 확장하려고 했기 때문에 재정적인 어려움을 겪고 있었죠. 우리는 중학교에 학생을 적게 할당하고 있었어요. 네다섯 명의 아이들만이 8학년에 있었는데 그들 중 둘은 흑인이었고 형제였어요. 그런 일은 종종 있었죠. 내가 가끔 그 아이들을 흑인이라고 부르면, "전 흑인이 아니에요. 우리는 흑인이 아니고 갈색인종이에요. 우리 할머니는 아메리카 원주민인 인디언이에요."라고 말했어요. 난 그것을 전혀 이해하지 못했죠. 도통 알 수가 없었어요. 그들은 분명히 아프리카계 미국인이었죠. 나중에 이런 수업을 준비하기 위해 책을 읽기 시작하면서, 올포트의 외적/내적 처벌적 성격유형(Allport's extra/intra-punitive personality type)을 우연히 발견하게 되었어요. 처벌의 예로 집단의 멤버십을 거부하는 사람을 들 수 있어요. 만약 내가 그것을 이해했다면 그것을 사용해서 형제에게 도움이 되었을 거예요. 그러나 나는 왜 자신이 흑인이라는 것을 부정하는지 이해하지 못했어요. 그것이 매우 미묘하게 근거 없는 믿음과 관련된다는 사실을 잘 몰랐어요. 나는 그런 일들을 겪었고, 배웠으며, 돌이켜보면 "오, 내가 이러저러한 일들을 했어야 했는데."라는 생각이 들어요.

코펠만이 그 당시에는 바로 이해하지 못했지만, 그러한 경험을 통해 내면화된 인종차별주의에 대해 이해하게 되었다.

포한 또한 학생 가족들과의 상호작용이 사회정의 문제를 이해하고 전념하는 데 중요한 역할을 했다고 지적했다. 남중부 로스앤젤레스의 한 초등학교에서의 경험은 그녀의 가정과 편견을 다루도록 하였다. 그녀는 다음과 같이 설명했다.

일반적으로 우리의 신념은 경험에 토대를 두잖아요. 그래서 나는 모든 아이들이 나와 같은 교육을 받거나 아니면 더 나은 교육을 받았다고 가정하고 있었죠. 나는 아이들이 자신의 피부색이나 민족적 배경이나 뭐 그런 것들 때문에 다르게 대우받는다고 생각하지 않았거든요. 교육 체계가 우리나라 불평등의 일부가 될 수 있다고 생각한 적은 결코 없었지요. 예를 들어, 그 당시에 나는 학교에 예산이 지원되는 방식 및 많은 시설을 갖춘 학교와 그렇지 못한 학교가 있다는 것을 이해하지 못했어요. 그런 불평등이 존재한다고 생각조차 하지 않았어요. 내가 L.A.의 초등학교에서 근무할 때 학부모들과 함께 일하게 되면서, 빈곤에 관련된 다양한 요소들에 대해서 처음으로 조금 이해하기 시작했어요. 그리고 사람들, 특히 함께 일했던 흑인 미국인과 멕시코계 미국인들이 그들이 누구라는 것 때문에 어떻게 차별을 받는지 알게 되었어요. 예를 들어 복지 시스템을 들여다보면, 이건 제 의견인데, 복지 시스템은 혈통에 따라 달라지죠. 나는 정말 일하길 원하는 어머니들과 함께 이야기하면서 이해할 수 있었어요. 어머니들이 특별히 훈련받지 않아서 베이비시터를 고용할 만큼 충분한 돈을 벌 수 없기 때문에 일하러 갈 수 없다는 것을 이해하지 못하고 있었죠. 이 나라의 시스템을 지켜보면서 좀 더 그런 일들에 의문을 가지기 시작했어요. 또한 내가 아이들에게 프로젝트를 가르칠 때 내가 양육된 방식에 의문을 제기하기 시작했어요. 우리 부모님이 외적으로 편견이 강한 사람이라고 생각하지 않아요. 우리 부모님이 "그런 애랑 놀지 마."라고 말했던 기억이 없거든요. 그렇다면 그건 외적인 편견이 아니에요. 당신이 인종차별적인 사회에서 성장하면서 어떻게 그것의 영향을 받지 않을 수 있겠어요? 내가 사람들과 함께 도심에서 살고 일했던 경험이 '다른 사람들', 특히 흑인 미국인과 멕시코계 미국인에 대한 가정과 믿음에 의문을 제기하도록 도왔지요. 그래서 나는 이런 부정확한 가정과 오해를 조금씩 줄여가기 시작했어요. 또한 나는 단지 외모에 근거한 생각이나 신념에 따라 사람을 보지 않는 것이 중요하다는 것을 알게 되었어요.

포한은 유치원부터 고등학교에서 가르친 경험이 사회정의를 가르치는 데 있어서 중요한 영향을 미쳤다고 보고하였다. "내가 함께 일했던 대부분의 교사들은 학생들에 대해서 어떤 신념과 태도를 가지고 있었어요. '이러한 가난한 아이들'이라고 부르곤 했죠. 그게 너무 싫었고, 난 대학원으로 돌아가서 교사를 가르치고 싶어졌어요." 포한의 초기 교직 경험이 그녀가 갖고 있던 유색인에 대한 개인적인 편견을 검토하도록 이끌었다. 그녀는 "인종차별적인 사회에서 성장하면서 어떻게 영향을 받지 않을 수 있겠어요?"라고 자문하면서, 이 사회에 살고 있는 모든 사람들이 이념적 구성을 통해 인종차별적 이데올로기를 배우고 있다는 것을 깨달았다. 즉 인종차별적 이데올로기나 벨(2010)이 인종차별주의를 재생산하고 백인 우월성의 신화를 떠받치는 이야기들이라고 명명한 것에 의해 끊임없이 공격을 당할 때는 자신이 인종차별주의자가 아니라고 주장할 수 없다는 사실을 깨달았다. 또한 포한의 교직 경험은 인종에 의해 가난이 제도화된다는 것을 보도록 해 주었다. 그로 인해 그녀는 개인뿐만 아니라 제도화된 사회적 불평등을 점검할 수 있었다.

포한과 유사하게 니에토는 뉴욕 브룩클린에서의 교직 경험을 통해 인종으로 인한 가난과 가난한 사람들이 학교에서 어떻게 대우받는지를 알게 되었다고 보고하였다.

나는 지역사회 통제 운동[19]과 지방 분권화의 측면에서 모든 것이 엉망이 되어버린 브룩클린에서 교직을 시작했어요. 자녀에게 양질의 교육을 받게 하려는 부모들, 특히 푸에르토리코인과 아프리카계 미국인 부모님들의 노력이 있었지요. 질 높은 교육, 이중 언어교육, 학교차별 폐지에 대한 요구가 있었고, 이는 나중에 다문화교육과 민족 연구에 대한 요구로 바뀌었어요. 이러한 모든 것들이 일어나는 현장이었죠. 그래서 그것은 내가 공교육에 대해 생각하는 방식에 많은 영향을 주었어요.

그 지역사회에서 가르치고, 부모와 지역사회 운동을 지켜보면서 니에토는 "모두를 위한 공평한 기회의 장이 있다고 가르치는 것은 신화이며, 사실상 그것은 진실이 아니다"는 것을 깨달았다. 다른 사람들처럼 니에토도 미국의 신조로 작동하는 평등의 신화에 노출되어 있었다. 그러나 미국의 주요 사회화 기관인 학교는 사회적·경제적·정치적 질서를 강화하는 데 기여하고 동시에 이러한 신화를 영속시킨다.

다니엘 타텀 또한 교직 경험이 사회정의 교육자가 되는 데 자극이 되었다고 보고하였다.

대학원 4년차에 난 결혼했고 남편과 캘리포니아로 이사를 갔어요. 캘리

----

19 1960년대 후반에 교육 기회와 존엄성을 위해 아프리카계 미국인들이 도심에서 벌인 투쟁에 견인차가 되었던 운동이다.

포니아에 있는 동안 나는 가르칠 수 있는 기회를 얻었어요. '인종차별주의에 대한 집단 탐색(The Group Exploration of Racism)'이라는 심리학 강좌를 가르쳐달라고 요청 받았죠. 그 강의를 하려고 했던 주된 이유는 돈이 필요했기 때문이에요. 내가 할 수 있는 일 같았고요. 시간제로 가르칠 수 있는 기회가 생겼고, 그 강의를 하면서 나는 진짜로 가르치는 게 즐거웠고, 내가 가르쳤던 학생들도 신나했어요. 학생들에게도 내게도 정말 강력한 학습 경험이었어요. 그 일을 계속 하는 것이 내게는 정말 중요하게 여겨졌어요. 더 많이 가르칠수록 나는 점점 그 일이 더 중요하다고 확신하게 되었죠. 그래서 나는 사회정의 교육과 관련하여 실제적인 경험을 했다고 말하고 싶어요. 실제 내가 그 일을 계획한 게 아니었어요. 그것은 다소 우연히 발생한 일이죠.

다니엘 타텀은 인종차별주의 심리학 강좌를 가르치면서 인종차별주의 이슈에 대한 교육의 중요성을 경험했고, 그것이 결국 그녀를 사회정의 교육으로 이끌었다.

일부 사회정의 교육자의 경우, 교육현장 이외의 다른 곳에서 일할 때 사회정의 교육에 참여하게 되었다. 사회정의와 관련한 아귈라의 작업은 우연히 시작되었고 교육현장에서 일어난 것도 아니었다.

나는 네브래스카주 링컨에서 의식적으로 깨닫게 되었어요. 내가 레크리에이션을 전공했던 것을 알고 계시죠? 정신건강기관에서 일할 때 선택적 함묵증인 내담자를 만났어요. 그녀에게 7년 동안 선택적 함묵증이 계속되고 있었죠. 나는 그 당시 23세였는데 그녀는 내 또래였고, 15세 때 성적 학대를 받은 후로 말을 멈췄다고 했어요. 그녀는 끔찍한 삶을 살았지요. 내가 대학을 졸업하자 부모님이 유럽 여행을 시켜 주셨어요. 여행에서 막 돌아왔을 때 감독관이 탁자 위에 파일을 던지면서 "당신이 이 사람을 고쳐 봐요."라고 했어요. 나는 "이 사람을 고쳐요?"라고 물었죠. 다른 직원이 그녀를 맡고 싶어서 화가 난 것을 알게 되었어요. 나는 3주간 휴가를 갔었기 때문에 그녀에 대해서는 아무 것도 몰랐어요. 그리고 그녀에 대한 파일을 읽고 나는 괜찮다고 생각했어요. 그녀는 내 또래이고, 두 명의 자녀가 있고, 사촌이랑 결혼했고, 말을 하지 않았고, 담배를 피울 때를 빼곤 입을 열지 않았어요. 어쨌든 당신에게 전체적인 이야기를 모두 전하지는 못해요. 그녀는 7년 동안 심리학자와 정신과 의사들을 만나왔고 나는 그들이 했던 모든 것을 읽었어요. 나는 비전통적으로 접근했고 그녀의 몸에 집중했어요. 단지 몸을 움직이고 팔을 올리고 스트레칭을 했죠. 그리고 테이프 녹음기에 함께 소리를 녹음하곤 했어요. 우리는 행동수정모델의 방식을 사용했지만 나는 그녀에게 행동수정을 적용하기를 거부했어요. 그녀와 관계를 맺고 싶어서 감독관을 만나 허락을 받았어요. 그래서 우리는 내 사무실로 갔어요. 나는 흡연자인 척을 하면서 "내가 어때 보여요?"라고 말하곤 했죠. 그냥 수다를 떨었고 관계를 맺으려 했어요. 그러고 나서 "담배 연기를 부는 운동을 할 거예요."라고 말했고 그녀는 입을 조금 벌렸어요. 나는 "좋아요, 다음 단계로 나가볼게요."라고 말했고 내내 어떤 책에도 나오지 않는 그런 일들을 시도했어요. 명상이라고 해야 하나 기도라고 해야 하나 그런 것들도 했어요. 그녀의 상처가 깊었기 때문에 그렇게 했어요. 나는 그녀를 대상으로 취급할 수 없었어요. 내가 읽었던 파일에서는 모든 것들이 대상화되어 있었던 것 같아요. 말하자면 우리가 라벨이 붙여진 어떤 것이 되는 거죠. 그것은 비인간적인 것이고 그렇게 하는 것을 거부했어요. 나는 이것 이외의 학문적인 방식이나 다른 생각을 하지는 못했어요. 우리는 입 운동을 했고, 티슈를 불었으며, 테이프 녹음기에 바람소리를 녹음했어요. 그녀가 갑자기 휘파람을 불었어요. 나는 칠판 긁는 소리가 더 나을 정도로 끔찍한 음 치였지만 "우리 음을 만들어요."라고 말했고 그녀가 음을 만들었죠. 나 는 이것을 조심스럽게 기록했지만 우리가 동물원에 있는 동물처럼 보이 기는 싫었어요. 그래서 내가 파일에 쓴 내용을 그녀가 내 사무실에 앉아 서 읽도록 했어요. 나는 그것을 큰 소리로 읽었어요. 왜냐하면 그건 그녀 에 대해 쓴 것이었고, 내가 당신에게 말하는 것처럼 그녀와 얘기하곤 했 으니까요. 나는 "내담자의 이름은"이라고 쓰면서 크게 말했고 그녀가 자 신의 이름을 말했어요. 나는 그녀를 쳐다보았다가 종이를 내려다보았다 가 다시 그녀를 쳐다보았어요. 그녀는 단지 나를 쳐다보고 있었고 나는 "만약 내가 너의 상태를 알지 못했다면, 네가 이름을 말하는 것을 들었 다고 생각했을 거야."라고 말했죠. 그녀는 미소를 지었고 다시 말했어요. 나는 펜을 떨어뜨리고 일어서서 그녀에게 다가갔어요. "오, 신이시여"[20] 이라고 말하면서 다가가 그녀를 껴안고 함께 울고 또 울었어요. 물론 엄 마와 할머니에게 이 사실을 말했어요. 하지만 감독관에게는 2주가 지날 때까지 말하지 않았어요. 나는 무슨 일이 벌어질지 알고 있었거든요. 그 들은 그녀를 놀라게 하고 둘러쌀 게 뻔했어요. 나는 "네가 편안하게 느낄 때까지 우리 이것을 비밀로 하자."라고 말했어요. 난 직원들에 대해 너 무 잘 알고 있었어요. 직원들은 그녀를 빤히 쳐다볼 거예요. 시간이 지나 고 나는 감독관을 만나 "제가 무슨 말을 드리든 정말 주의 깊게 들어주 셔야 해요."라고 말했어요. 먼저 내담자에게 감독관과 이야기하게 될 거 라고 말했고, 만약 감독관이 이야기하고 싶어 한다면 맨 처음 그녀가 그 걸 편하게 느끼는지 확인할 것이며 그것이 우리가 할 일이라고 이야기했

....
20   (원주) 참여자들이 그들의 발전에 영향을 미치는 것으로 언급하지는 않았지만 사회정의 교육 분야에 큰 영향을 미친 사회정의 교육자들이 많이 있다는 점에 주목해야 한다.

죠. 나는 감독관에게 그녀를 빤히 쳐다보지 말라고 했어요. 감독관은 사무실로 왔고, 그녀가 그에게 말을 걸자 그는 계속 이야기를 이어갔어요. 그것은 점진적인 과정이었어요. 감독관은 너무 흥분해서 이 이야기를 학술 논문으로 작성하고 싶어 했어요. 나는 감독관에게 그런 것에 관심이 없다고 말했어요. 감독관은 실제로 논문을 썼고 나를 공저자로 삼았지만 나는 출판을 원하지 않았어요. 나는 "누가 이걸 출판해요?"라고 물었어요. 나는 심리학 문헌에 실리는 걸 거부했어요. 나는 "당신은 사람들을 대상으로 취급하면 안 돼요. 당신이 사람을 비인간화시키지 말아야 인간적인 반응을 기대할 수 있어요."라고 말했죠.

사회정의 교육으로 이끈 전문적인 경험을 구체화하기 위해 아귈라는 이 이야기를 했다. 치료자로서 그녀의 경험이 '모든 상황을 같은 것으로 간주하는(one-sized fits all)' 지침은 본질적으로 내담자들의 경험을 고려하지 않고, 내담자에게 확인하는 것이 결여되어 있기 때문에 어떤 내담자에게는 실패할 수 있다는 것을 깨닫게 하였다. 그 상황에서 그녀가 임상기반 지침을 사용했다면 자신의 내담자와 함께 이룬 성공을 거두지 못했을 수도 있다.

요약하면 현장에서의 사회정의 교육자들의 경험은 처음부터 사회정의 교육자로 태어난 사람은 아무도 없다는 것을 보여준다. 오오카 팡, 코펠만, 포한, 니에토 그리고 다니엘 타텀이 보여주는 것처럼 교육현장에서의 경험과 아귈라의 경우에서처럼 대인서비스분야에서의 경험은 학교와 기타 기관들이 누군가에게는 혜택을 주는 반면 누군가에게는 억압으로 작용한다는 것을 보여주었다. 『문화적으로 다양한 학교를 위한 교사 양성(*Preparing Teachers for Culturally Diverse Schools*)』에서 슬리터(2001)는 백인 교사들의 "인식이나 이해부족으로 인해 차별, 특히 인종차별이 일어나고 있다"(p. 95)고 지적하였다. 그러나 독특한 점은 내담자에 대한 비인간적인 치료를 거부했던 아귈라처럼 사회정의 교육자들은 포기하지 않고 기관의 억압적인 특성을 따르지 않았다는 것이다. 사회정의 교육자들은 기관, 특히 학교에서 불평등이 반복되고 있음을 깨달았을 때, 억압적인 관행에 맞설 방법을 찾았다. 오오카 팡과 포한은 자신의 신념을 비판적으로 성찰하면서 학생의 학문적 성공에 해로울 수 있는 편견을 지니고 있음을 깨달았다. 따라서 그들의 자기성찰은 패러다임의 전환과 사회정의 교육에 합류하기 위한 토대가 되었다(Leistyna, 1999).

일부 사회정의 교육자의 경우, 단지 교육이나 현장에서의 경험만이 사회정의 교육으로 나아가게 한 것은 아니며 교사나 교수들을 통해 길러진 인식으로 인해 사회정의 교육을 하게 되었다. 예를 들어 워싱턴 대학(University of Washington)의 대학원생이었던 오오카 팡은 유색인 학생들이 직면하는 이슈에 대한 분석으로 영향력이 있었던 제임스 뱅크스(James Banks)의 지도 아래 공부하였다. 그녀는 다음과 같이 보고하였다.

> 짐 뱅크스는 굉장한 저술가였고, 뛰어난 연설가였어요. 내가 그에게 수업을 받을 때 난 유색인 아이들에 관한 다양한 이슈, 그들이 내적으로 경험하는 문화적 갈등들, 문화적 갈등을 처리하는 교사의 역량 부족, 사회적 행동의 필요성에 대해 생각하게 되었어요. 그것들은 모두 뱅크스가 강의에서 논의했던 중요한 이슈들이에요.

박사학위를 받은 후에 오오카 팡은 제임스 뱅크스와 동료교수로서 계속 함께 연구를 하였고, 이는 그녀가 사회정의 학자로서 사고를 형성하고 발전하는 데 도움이 되었다. 사회정의 교육자라는 오오카 팡의 정체성에 "가장 중요한 영향을 미친" 또 다른 한 명의 교수는 마코 나카가와(Mako Nakagawa)이다.

그녀는 그 당시에 대인관계 워크숍이라고 불렸던 일들을 많이 했어요. 그녀는 내가 인종차별주의 문제에 대해 생각하게 만들었어요. 그 당시에는 문화와 관련된 교육을 하지 않았어요. 주로 대인관계와 인종, 성차별을 다루는 문제들에 초점이 맞춰져 있었거든요. 그러니 그녀는 사람들의 사고방식에 도전했고, 꽤 앞서 나갔어요. 일본 이민자 2세 여성이 그렇게 솔직하고 앞섰다는 건 매우 놀라운 일이었어요. 그녀는 아주 훌륭하고, 강력한 역할 모델이었죠.

쿠마시로의 경우 대학에서 만난 교수를 통해 성 정체성의 문제에 대해 안전감을 느끼며 탐색할 수 있게 되었다. 쿠마시로는 교수의 개방성 덕분에 다른 사람들과 성적 취향(sexuality)의 문제에 대해서 안전감을 느끼며 이야기할 수 있게 되었다고 보고하였다.

나는 이미 내 성적 지향(sexual orientation)에 대해서 의문을 품기 시작했지만, 그것을 꺼내서 "그래요. 나는 이쪽이에요."라고 분명히 말하기에는 충분하지 않다고 생각했어요. 그래서 지도교수와 이야기하게 되었을 때 사무라이에 관심이 있다고 말했어요. 지도교수가 사무라이들 사이의 동성애적 끌림과 같은 것을 언급했고 그래서 난 짐작했죠. "오, 이러한 문제에 대해 안전하게 이야기할 수 있는 사람이 있구나." 그래서 나는 "제가 사무라이들의 동성관계 같은 문제에 대해 관심을 갖고 있어요. 제가 할 수 있는 게 있을까요?"라고 물었죠. 그리고 지도교수는 연구가 거의 없다고 했죠. 이건 10년 전 일이니까 그랬을 거예요. "아마 꾸며낸 소문만 볼 수 있을 거야."라고 말했는데 이게 모든 것의 시작이 되었죠. 그 작고 사소한 대화가 내가 이 연구를 진행할 수 있는 힘이 되었어요. 내게 정말 중요한 도약이 되었어요. 그는 내가 동성애에 대해서 처음으로 대화를 나누었던 사람인 것 같아요.

또한 쿠마시로는 그의 지도교수 중 한명인 엘리자베스 엘즈워스(Eliza-beth Ellsworth)가 "가장 영향력 있는 이론가"라고 했다.

내 지도교수 중 한명이 엘리자베스 엘즈워스예요. 그녀는 내게 가장 영향력 있는 이론가이자 가장 영감을 주는 교사들 중 한 분이에요. 나는 정말로 몇몇 경이로운 이론가들이 있다고 믿어요. 그들은 이해하기 너무 어렵지만, 수업 실무에서 엄청난 영향력을 갖고 있고, 나는 엘리자베스 웰즈워스가 그중 한 명이라고 주장하고 싶어요.

그는 사회정의 교육에 대한 자신의 신념에 여전히 중대한 영향을 끼치는 다른 교수로 글로리아 래드슨-빌링스(Gloria Ladson-Billings)와 스테이시 리(Stacy Lee)를 덧붙였다. "그들을 이해하고, 그것을 실무에 포함시키는 것은 굉장한 일이었어요."

비록 고등 교육자들이 쿠마시로와 오오카 팡에 영향을 주었지만, 니에토에게는 유치원부터 고등학교의 교사들이 가장 많은 영향을 주었다. 그녀는 유치원부터 고등학교 교사 중 일부가 그녀의 정체성을 확인해 주었고, 격려하였으며, 새로운 세상을 열어주었다고 보고하였다. 그녀는 다음과 같이 말하였다.

나는 5, 6학년 때 선생님을 분명히 기억해요. 선생님의 이름은 필립스(Phillips)였고, 그녀는 내가 박사학위를 딸 때까지 만난 처음이자 유일한 아프리카계 미국인 교사였어요. 선생님과 여러 가지 수준에서 관련되었기 때문에 내겐 정말 중요하죠. 사실 나는 아직도 선생님이 학교 마지막 날 주셨던 사전을 갖고 있어요. 아마도 6학년 때였던 거 같아요. 내 애기 좀 들어보세요. 나는 받아쓰기 시험에서 부정 행위를 했어요. 그전에는 그런 일을 한 적이 없었기 때문에 이 일을 기억해요. 다른 애들은 내 걸 베껴 쓰곤 했지요. 하루는 단어를 다 외우지 못해서 손에다 썼어요. 그건 어려운 단어였거든요. 선생님이 그걸 발견했고, 그 시험에서 빵점을 주셨어요. 하지만 결코 잊지 못할 교훈이었어요. 나는 곤혹스러웠고, 다시는 부정 행위를 하지 않았어요. 선생님에 대해서 말하고 싶은 것은 그녀는 내가 다른 아이들을 돕게 했다는 거예요. 나는 선생님 수업에서 좋은 느낌을 가지게 되었고 성취감도 느꼈어요. 선생님이 아프리카계 미국인이고, 내가 지금까지 만났던 유일한 아프리카계 미국인 교사였기 때문에 그건 매우 중요하다고 생각해요. 학교 마지막 날에 나는 근처에서 기다렸어요. 그 날이 선생님이 사전을 주셨던 날이에요. 선생님은 내게 사전을 주고 싶다고 했어요. 난 중학교에 갈 예정이었죠. 선생님은 "내 차까지 같이 걸어가 줄래?"라고 말했고, 나는 그러겠다고 대답했어요. 차까지 걸어가면서 선생님은 "소니아, 네가 좋다면 안아줘도 좋아."라고 말했어요. 선생님은 정말 정중했고, 그게 내가 기억하는 한 명의 선생님이에요.

다른 선생님으로는 고등학교 때 만났던 백인 여자 선생님이 기억나요. 난 5600명 정도 되는 학생 중에서 푸에르토리코 학생들이 몇 안 되는 고등학교에 다니게 되었죠. 그곳(브루클린)의 대부분은 유대인이었어요. 몇몇 이탈리아인과 아일랜드인이 있었지만 유대인이 가장 많았고, 내가 알기에 푸에르토리코인은 세 명이었고, 아마 12명 정도의 아프리카계 미국인이 있었던 것 같아요. 그 당시 그곳은 훌륭한 학교였어요. 해가 지날수록 난 소외되고 있음을 느꼈고, 여러 면에서 내가 거기에 섞이지 못한다고 느꼈지만 그 학교에 다닌 걸 감사해요. 왜냐면 예전 동네에서는 받을 수 없었던 교육을 받았거든요. 절대 받지 못했을 거예요. 어쨌든 선생님 중에 한 분 이름이 칼론 박사(Dr. Callon)였어요. 그녀는 박사였는데 나한테는 그게 굉장히 인상적이었어요. 나는 박사학위를 가진 선생님을 만난 적이 없었어요. 아마 선생님은 그때 60대였던 것 같은데, 아주 전통적이고 까다로웠죠. 예를 들면 그녀가 말했던 『바람과 함께 사라지다』라는 책이 아직도 기억나네요. 그 책은 내가 좋아하는 책이 아니고 그 책에 문제가 되는 메시지가 많다고 생각해요. 언젠가 누군가 선생님한테 아직 그 책을 읽지 않았다고 말했을 때 선생님은 "오, 난 네가 부럽지 않네."라고 했어요. 그녀가 그렇게 말한 이유는 독서가 매우 즐겁기 때문이었죠. 당신은 이해되나요? 내가 받은 메시지는 인종차별적인 그 책을 읽는 게 대단하다는 것이 아니라, 독서가 너무 훌륭하고 책 읽는 경험은 즐겁다는 것이었어요. 또 다른 시간에 우리는 당시 브로드웨이에서 공연되었던 『마이 페어 레이디』라는 연극에 대해 이야기를 나누고 있었는데, 선생님은 "오, 꼭 봐야 해. 그것은 우리 유산의 일부란다."라고 말했어요. 글쎄요. 그 연극은 진짜 내 유산의 일부가 아니었지만 그녀가 우리 모두가 이러한 것들에 참여할 권리가 있다고 말했던 것에 감사해요. 아시다시피 나는 전에 이러한 메시지를 들어본 적이 없어요. 비록 선생님이 전통적이고 관점에 매우 한계가 있었지만 나에게 새로운 세상을 열어주었고, 나는 그 점에 감사해요.

또 나는 프리드(Fried) 부부 선생님을 기억해요. 두 선생님 모두 불어 교사였고, 나는 각각 다른 해에 그분들한테 배웠어요. 나는 불어 과목에서 뛰어났어요. 정말 잘했어요. 스페인어가 도움이 되었다고 확신해요. 이 두 분 선생님을 사랑했어요. 그분들은 배려심이 많았고, 긍정적이었어요. 불어를 할 수 있도록 내 언어, 내 다른 언어를 끌어낼 수 있어서 그게 내게는 정말 좋았어요. 그래요, 이런 선생님들이 몇 명 있어요. 당신이 봐왔던 선생님들과 다를 수 있어요, 매우 다를 수 있지만, 모든 관점에서 선생님들은 학생들을 가르칠 수 있는 많은 것들을 갖고 있다고 생각해요.

니에토가 아프리카계 미국인 초등학교 선생님과 칼론 박사에게서 배운 교훈은 그녀에게 사회정의 교육이 교육과 존재에 대한 전통적인 교수법을 배제하는 것이 아님을 보여주었다. 비록 일부 관점들이 오늘날 니에토가 사회정의라 부르는 것들과는 일치하지 않는다고 할지라도 다양하고 서로 다른 관점을 제공하는 것은 매우 중요하다.

이유는 저마다 다양하지만 아퀼라에게도 사회정의 교육자가 되는 데에 도움이 된 네 명의 교사가 있다. 그녀는 선생님들이 어떻게 영향을 주었는지에 대해 다음과 같이 설명했다.

네 명의 선생님이 내 인생을 변화시켰죠. 한 손으로 다 꼽을 수 있어요. 교사 교육을 하다보면 어머니가 교사거나 아버지가 교장이었고, 그들 모두가 가장 좋아하는 선생님이 있었기 때문에 교직에 들어섰다는 학생들을 발견할 수 있을 거예요. 이들은 모두 가장 좋아하는 선생님을 둔 백인 중산층 학생들이죠. 유색인 학생들에게 물어보면 좋아하는 교사가 있다고 해도 몇 안 되는 것이 흥미로웠어요. 마치 '안녕. 거기 무슨 일이 있니?' 같죠. 하지만 뭐랄까요. 나는 텍사스에서 자랐고 유색인 교사를 만난 적이 없어요. 심지어 대학교 때도, 박사를 하면서도요. 그래서 많은 학생들에게 내가 최초의 유색인 교사가 될 수 있다는 사실을 알았을 때 매우 흥미로웠죠. 가장 큰 영향을 미쳤던 교사 중 한 명은 고등학교 수학 선생님이었던 셜리 휴즈(Shirley Hughes) 선생님이에요. 그 선생님에 대해서 좋아하는 것은 그녀가 우리를 자극했다는 점이에요. 선생님은 수업에서도, 개인적으로도 그랬어요. 항상 내가 할 수 있는 만큼 하지 않고 있다는 것을 알려주었죠. 난 잘 해내고 있었지만 더 많이 노력하지 않았다면 위험할 수 있었죠. 나에게 그런 메시지를 준 사람들은 많지 않았어요. 아름다운 도전이었죠. 선생님은 내게 많은 여지를 주셨어요. 실제로 나는 기하학 마지막 시간에 그녀와 협상을 했어요. "만약 내가 수업을 잘하고 숙제를 잘하면, 수업을 마치고 연습을 하러 가도 되나요?"라고 말했어요. 왜냐하면 나는 매우 진지한 음악가이자 타악기 연주자였기 때문이죠. 선생님은 "좋아."라고 했어요. 내가 시험을 망쳐서 선생님이 매우 화가 났던 때를 제외하고 내내 평균 99점을 받았어요. 그래요, 셜리 휴즈 선생님에 대해 이야기할 게 있어요. 어머니의 장례식에 참석하러 집에 갔을 때 나는 곧장 장례식장으로 향했어요. 나는 73년도에 졸업했고 셜리 휴즈 선생님은 71년과 72년에 나를 가르쳤어요. 장례식장에 갔는데 이모가 방에 계셨죠. 조금 후에 누군가 방안으로 들어왔고, 나는 이 사람이 누군지 몰랐어요. 그녀는 이모와 함께 일해 왔고, 엄마를 안다고 하셨죠. 나는 마침내 "누구세요?"라고 물었는데, 그녀는 "말하지 않겠어요. 나는 당신을 힘들게 하고 싶지 않아요."라고 하더군요. 나는 그녀의 목소리를 알아차렸어요. 그녀를 바라보았을 때 그녀는 미소를 지으며 "셜리 휴즈"라고 말했어요. 나는 "선생님 맞죠?"라고 말했죠. 그녀는 나이가 많이 들었어요. 선생님이 하이힐을 신고 있었기 때문에 키가 컸던 것으로 기억했는데, 이제 선생님 키는 나만 하거나 더 작아 보였어요. 지팡이를 짚고 있었고요. 상상해 보세요. 선생님이 우리 어머니의 장례식에 와 계셨어요. 몇 년이나 지났을까요? 선생님은 "네 엄마 일은 정말 유감이야"라고 말했어요. 나는 그저 그녀를 쳐다보았죠. 뭔가 이상했어요. 1주일 전 엄마를 방문했을 때 나는 클래스메이트닷컴(classmates.com)에서 "당신이 가장 좋아하는 선생님은 누구인가요?"라는 질문에 셜리 휴즈라고 썼고 그 이유를 설명했었죠. 그리고 일주일 후에 장례식에서 선생님을 보게 된 거예요. 나는 선생님이 내가 가장 좋아하는 선생님이었다고 말했고, 그녀는 "글쎄, 너는 그렇게 말한 적이 없는데."라고 했지요. 나는 "지금 말하고 있잖아요. 선생님은 저에게 큰 영향을 주셨어요."라고 했어요. 그녀는 활짝 웃으며 "내가 항상 너를 사랑했다는 걸 알고 있었잖아."라고 했어요. 우리는 포옹을 했어요. 얼마 전에 부모를 잃은 선생님에게 그것은 하나의 선물이 되었지요. 이후에 나는 캘리포니아에서 기조연설을 할 기회가 생겼고, 교사들로 가득 찬 강당에서 그 이야기를 나누었어요. "여러분 중에 누군가는 다른 누군가의 셜리 휴즈가 될 거예요."라고 말했죠.

아퀼라의 선생님은 높은 기대를 가진 사회정의 교육자의 특징을 보여주었다. 『꿈지기(*Dreamkeeper*)』라는 책에서 래드슨-빌링스는 유능하고 사회적으로 정의로운 교사들은 자신들의 가르침에 초석이 되는 높은 기대와 기준을 갖고 있다고 말한 바 있다. 휴즈 선생님이 아퀼라에게 갖고 있던 높은 기대는 교사가 교실에서 학생들을 성공할 수 있는 위치에 놓음으로써 교실 내 평등을 달성하기 위해 사용될 수 있는 역할 모델로 작용했다 (Gramsci, 1977). 아퀼라가 사회정의 교육자가 되는 데 영향을 준 다른 선생님들은 다음과 같다.

6학년 때 과학 선생님이요. 어느 날 수업 시간에 내가 무례한 행동을 했어요. 교실 건너편으로 팔찌를 던졌거든요. 내 여동생이 준 팔찌를 친구가 보자고 했기 때문이었어요. 여동생이 캐나다 여행 동안 팔찌를 몇 개 사왔거든요. 무어(Moore) 선생님은 칠판에 판서 중이었고, 내 친구가 보고 싶어 해서 그걸 교실 건너편에 던졌는데 친구가 잡지 못해 교실 저쪽으로 날아가 버렸어요. 선생님은 판서를 멈추고 "누가 그랬지?"라고 물었어요. 나는 숨을 멈추었고 다른 모든 애들도 그랬어요. 아무도 대답을 하지 않자 선생님은 "누가 했는지는 상관하지 않지만 누가 그랬는지 말해야 해요. 여러분 아버지가 교육감이든 수위든 상관 없어요." 그 시기는 아버지의 지위가 가족을 정의하는 시대였어요. 지금은 성차별적인 발언으로 들릴 수 있다는 걸 알지만 아버지는 사회적 지위였고 선생님이 그런 말을 했을 때 난 손을 들었어요. 선생님이 한 말 때문에 그랬어요. 내게 큰 의미가 있다는 걸 알았거든요. 선생님은 "우리가 누구이든 상관없이 자신이 한 일을 인정해야 해요."라고 말했어요. 그리고 내가 교육감의 딸이었더라도 선생님은 나를 우리 아버지의 딸로 대했던 것처럼 똑같이 대했을 것이라고 생각했어요. 만일 그렇게 공정하다면 내 잘못을 인정할 수 있어요. 선생님은 반 학생들 앞에서 나에게 설교를 했고 나는 사과해야 했지만, 선생님이 우리의 배경에 신경 쓰지 않는다고 말했기 때문에 너무 기뻤어요. 선생님은 우리 한 사람 한 사람에게 사명감을 갖고 있었고, 나에게는 공평함이라는 이슈가 있었죠. 선생님과 고등학교 때까지 내내 연락했어요. 선생님이 이사하면서 연락이 끊겼지만 나에게 이런 열정을 주었어요. 나는 반에서 아주 잘 지냈어요. 나는 예비교사 프로그램에서 학생들에게 하나의 기준이나 관점만을 가질 수 있지만 그것이 그들의 인생에 엄청난 영향을 미칠 수 있다고 가르치죠.

아퀼라의 선생님은 평등에 대한 가르침을 주었다. 선생님이 학생의 배경이 상관없다고 말했을 때, 적어도 아퀼라에게는 사회경제적 배경에 따라 학생들을 훈육하는 방식이 달라지지는 않을 것이라고 선언하는 것처럼 들렸다. 선생님은 기본적으로 교실은 모든 사람에게 열려 있고, '우리가 누구든지 상관없이 자신이 한 일에 대해 인정할 필요가 있다'고 말했으며, 그것은 아퀼라에게 영향을 미쳤다. 아퀼라에게 긍정적인 영향을 준 또 다른 교사가 있다.

> 밴드의 책임자였던 리처드 크레인(Richard Crane) 선생님이요. 그분은 내가 재능이 있다고 믿었고 개인교습을 받을 수 있도록 도와주기 위해서 무진 애를 썼어요. 이 작은 마을에서 정말 드물게 우리는 결국 2년 연속 주 대표를 차지하게 되었어요. 부분적으로는 내 오빠의 후광이 있긴 했죠. 오빠는 사람들이 이름을 알 수 있을 정도의 우수한 타악기 연주자였어요. 이름을 보고 사람들은 '아, 그의 여동생이구나!' 했죠. 그래서 사람들은 내가 비슷한 실력을 갖춘 연주자라고 생각했어요. 단지 이름만으로 많은 경쟁에서 위협적이었던 거죠. 베이어 대학의 타악기 전공 교수가 자원해서 시간을 내고 학교가 비용을 지불해서 개인교습을 받았어요. 밴드 책임자가 재능을 알아보고 지원하지 않을 이유가 없다고 느꼈기 때문에 내가 이런 엄청난 재정 지원을 받을 수 있었어요.

네 번째 교사는 아퀼라에게 부정적인 영향을 주었는데, 그녀는 그것을 긍정적인 것으로 변화시켰다.

> 고등학교 때 생물 선생님이 있었죠. 언젠가 테스트가 있었어요. 난 숫자를 매기며 풀었죠. 우리는 9장까지만 배웠는데 시험에는 10장이 포함되어 있었어요. 시험지 마지막 페이지는 모두 10장에서 나왔어요. 우리 모두 시험지 마지막 페이지에 도달했을 때 "이게 뭐야? 우린 아직 이걸 못 봤어. 이건 새로운 거야."라고 생각했죠. 그래서 나는 손을 들고 말했죠. "죄송하지만 이 마지막 페이지는 뭐죠?" 그러자 그녀는 "아퀼라, 제발 시험을 끝내주렴."이라고 말했어요. 이후에 학교방문의

날에 선생님이 특별히 어머니를 찾아와서 내가 의견을 너무 공개적으로 말하지 않게 해달라고 부탁했어요. 왜냐하면 우리 반 친구 누구도 말을 하지 않았는데 나만 큰소리로 말한 유일한 사람이었기 때문이었죠. 나는 그 바보 같은 시험에서 최고점을 받았는데 C 아니면 C+였어요. 다른 학생들과 수업이 끝난 후에 이야기 했는데 내가 "왜 아무 말도 하지 않았니?"라고 말하자 "글쎄. 우리는 선생님을 화나게 하고 싶지 않았어."라고 말했어요. 나는 "음, 그건 옳지 않아. 선생님이 잘못한 거고 우리는 말할 필요가 있었어."라고 말했죠. 엄마가 집에 와서 무슨 일이 있었냐고 물었어요. 나는 엄마에게 이야기했고 엄마는 괜찮다고 하셨는데 그게 끝이었어요. 그래서 엄마가 가지고 있는 나에 대한 지지와 믿음의 정도를 알게 된 거죠. 선생님은 점수 매기기를 끝냈고 우리는 나쁜 점수를 받았지만 그것을 바로 잡지 않았어요. 몇 년 뒤에 선생님에게 초대장을 보냈어요. 85년에 박사학위를 받았을 때 초대장을 보내면서 편지를 보냈는데 그녀는 답장에 이렇게 썼어요. "나는 항상 네가 해낼 줄 알았다." 그리고 나는 "오, 제발."이라고 말했죠. 내가 얻은 교훈은 우리가 어떤 공동체에서 불공평함을 발견한다면 그 공동체 일원이 되지 말라는 것이었어요. 우리를 돌봐 줄 사람이 아무도 없을지도 모르죠. 그런 사람들이 없었지만 어머니는 거기 있었지요. 어머니가 항상 내가 한 말을 믿어주었다는 것이 중요해요 그리고 나중에 이 선생님이 이렇게 말씀하셨어요. "나는 항상 네가 해낼 줄 알고 있었어." 그래서 나는 "그러든가요."라고 말했어요. 그것은 지지자였던 선생님들과는 뭔가 다른 것이었어요. 정의라는 이슈와 공정함이 무엇인지, 다른 사람들이 그것에 어떻게 반응할 수 있을 지에 대해 가르쳐 주는 순간이었죠.

역설적으로 위 이야기의 선생님은 아퀼라에게 학생들의 목소리를 가치 있게 여기고, 학생들이 의견을 말하는 것에 가치를 두는 교실을 만드는 방법에 대한 교훈을 주었다.

요약하면 교사와 교수는 사회정의 교육자들의 의식을 고양시키는 데 중요한 역할을 하였으며, 또한 사회정의 교육자라는 그들의 정체성을 형성시켰다. 쿠마시로의 경우, 지도교수는 쿠마시로가 성적 취향에 관한 연구에 참여하도록 자극하였다. 교사가 사무라이의 성적 취향을 합법적인 학술 주제로 가르치지 않았다면, 아마도 쿠마시로는 그 주제를 합법적인 학술 주제로 인식하지 못했을 것이다. 쿠마시로의 예는 교실 내에서 무엇이 가르쳐지고 무엇이 생략되는지가 학생들의 정체성에 중요한 역할을 하며 정당성을 부여한다는 점을 강조한다. 뱅크스(2006)는 우리가 지식에 대해 명시적으로 가르칠 때 지식이 합법화되고 타당화된다고 주장하였다. 유럽 중심의 관점을 엄격하게 따르는 교실에서 유색인 학생들이 받는 메시지는 '너의 역사는 중요하지 않다'이며, 그러한 메시지의 부산물로 그들이 자신의 정체성을 부정할 수 있다.

연구에 따르면 영향력 있고 효과적인 교사들은 학생들에 대한 높은 기대를 가지고, 학생들의 문화적 배경과 정체성에 관심을 가지며, 교육을 의미 있게 만드는 교사이다(Foster, 1995; Ladson-Billings, 1994: Meier, 1995; Darling-Hammond, 1999). 마이어(Meier, 1995)는 『생각의 힘(*The Power of Their Ideas*)』에서 동부 할렘지역(East Harlem) 학생들의 학업 성공을 기록하였는데, 이 학생들은 정규 학교에서는 성공할 수 없는 "위험군"으로 간주되었다. 마이어는 그 학생들을 학업 성공으로 이끄는 요인 중 하나로 교사들이 학생들의 다양한 문화를 학습의 장애물이 아니라 가교로 받아들였다는 점을 지적했다. 그녀는 교사들이 학생들을 배려하였으며, 높은 기대를 갖고 있었다고 적고 있다. 비슷하게 달링-하몬드(Darling-Hammond,

1999)의 연구에 따르면 유능한 교사는 학생들에게 높은 기대를 갖고 있으며, 수업에 다양한 관점을 통합한다는 것이 밝혀졌다. 참여자들이 사회정의 교육자가 되는 데 영향을 미친 교사와 교수들 또한 그들에게 최고를 기대했던 교사들이었다. 게다가 그들은 학생들에게 높은 기대를 갖고, 지적능력을 자극했으며, 의식을 고양시켰다.

교사와 교수로부터의 영향과 더불어 사회정의 교육자들은 다른 학자들의 저서와 연구가 자신들의 사회정의 교육을 향한 성향에 큰 영향을 주었다고 보고하였다. 예를 들어 안드르제쥬스키는 에두아르도 갈레아노(Eduardo Galeano)의 『라틴 아메리카의 절개된 혈맥(*The Open Veins of Latin America*)』이 인생에 있어서 변화의 촉매가 되었다고 보고하였다. 그녀는 다음과 같이 말했다.

> 꽤 오래 전에 그 책을 읽었는데, 그 책은 내 삶을 바꾼 책 중의 하나였어요. 나는 정말 놀랐어요! 전에 역사에 대해서 이렇게 완전히 다른 관점을 가져본 적이 없었기 때문에 놀라웠어요. 라틴 아메리카에서 착취한 금과 은, 사람들의 죽음을 통해 산업혁명의 자금을 지원받았다는 것을 알게 되었죠. 정말 굉장한 책이었어요.

케이트 밀렛(Kate Millet), 슐라미스 파이어스톤(Shulamith Firestone) 같은 초기 페미니스트들과 패트리샤 힐 콜린스(Patricia Hill Collins), 바바라 스미스(Barbara Smith) 같은 현대의 유색인 페미니스트들 또한 안드르제쥬스키가 사회정의 문제를 이해하는 데 영향을 미쳤다. 그녀는 또한 리벨(Lee Bell), 아담스와 그리피스(Adams & Griffith), 위노나 라듀크(Winona LaDuke), 마이클 파렌티(Michael Parenti), 빈다나 시바(Vindana Shiva)의 저작들이 자신의 조망에 영향을 주었다고 하였다.

아귈라는 자신의 연구에 영향을 미친 연구자로 글로리아 안잘두아(Gloria Anzaldua), 파울로 프레이리(Paulo Freire), 벨 훅스(Belle Hooks), 소니아 니에토(Sonia Nieto) 그리고 크리스틴 슬리터(Christine Sleeter)를 들었다. 그녀는 파울로 프레이리의 『페다고지-억눌린 자를 위한 교육(*Pedagogy of the Oppressed*)』[21]이 자신의 학교 경험을 재조명해 주었고, 크리스틴 슬리터가 "백인의 관점"이라고 말했던 것을 좋아했으며, "인종 문제를 토론에 제기하기 시작한 첫 번째 사람"이라는 점에서 소니아 니에토가 특히 도움이 되었다고 하였다.

베일리는 남부 빈곤 법률 센터(Southern Law Poverty Center)와 관용 가르치기(Teaching Tolerance), 제임스 뱅크스, 패기 매킨토시(Peggy McIntosh), 크리스틴 슬리터와 칼 그랜트, 소니아 니에토의 연구에 영향을 받았다고 보고하였다. 다니엘 타텀 역시 그녀에게 영향을 준 사람들 중에 한 명으로 소니아 니에토를 꼽았다.

내가 영향을 받은 사람들이 많죠. 경탄하고 존경하는 동료들이 많아요. 소니아 니에토, 루이스 데르만-스파크스(Louise Derman-Sparks) 같은 사람들이 생각나네요. 내가 수년 동안 알고 지냈던 사람은 무척 많지요. 처음 교직을 시작했을 때 나는 새삼 다시 시작하는 것처럼 느껴졌어요. 예를 들면, 처음 강의를 시작했을 때에는 파울로 프레이리를 읽지 않았어요. 미셸 파인(Michelle Fine)과 다른 사람들의 연구에 대해 들어보지도 못했어요. 나는 임상심리학자로서 수련을 받아왔어요. 인종차별주의에 대해 처음 강의를 시작했을 때, 주디 카츠(Judie Katz)의 『백인 의식에 관한 핸드북(*A Handbook of White Awareness*)』이라는 책을 우연

----

21 파울로 프레이리 지음, 성찬성 옮김, 한마당, 1995.

히 발견하게 되었는데 그것은 정말 유익했어요. 여러 다른 사람들이 쓴 책을 많이 읽었어요. 내가 초기에 읽었던 책이 누구 것이었는지 기억하려고 노력해 볼게요. 로버트 테리(Robert Terry)가 쓴 『백인만을 위하여(For White Only)』라는 책이 있어요. 나는 수업에서 그 책을 많이 사용하곤 했어요. 데이비드 웰멘(David Welman)의 『백인 여성의 초상 이야기(Spoken Portraits of White Women)』에서 인종차별주의를 인종주의가 주는 혜택으로 정의하였어요. 그 정의는 내가 오랫동안 사용해 왔고, 계속 사용하고 있어요. 나는 그 책을 좋아했고 영향을 받았어요. 안젤라 데이비스(Angela Davis)가 나의 강의에 반드시 영향을 주었다고 말할 수는 없지만, 확실한 건 그녀를 웨슬리안(Wesleyan)에서 만났을 때 인상적이었다는 거예요. 다른 많은 사람들이 있었고 특별히 어떤 사람만을 말하고 싶지 않네요. 적어도 인종 정체성 발달 이론가인 윌리엄 크로스(William Cross)와 자넷 헬름스(Janet Helms)는 그런 사람들이에요. 심리학자로서 나는 흑인 가정을 연구하는 아프리카계 미국인 여성 심리학자인 해리엇 맥아두(Harriet McAdoo)의 영향을 받았어요. 임상가로서 처음 연구를 시작했을 때 나는 주로 백인 이웃을 둔 흑인 가정의 경험이 매우 흥미로웠고, 월터 앨런 앨런(Walter Allan Allan)과 해리엇 맥아두(Harriet McAdoo) 같은 사람들의 영향을 많이 받았어요.

코펠만은 또한 로버트 테리의 연구에 많은 영향을 받았으며 도움이 되었다고 하였다. "그는 오늘날까지도 계속 사용하고 있는 놀라운 것들을 생각해 냈어요." 테리의 연구 외에도 코펠만은 덕 리스버그(Doug Risberg), 사드커스(Sadkers), 제임스 뱅크스의 연구가 다양한 사회정의 문제에 대한 그의 이해에 커다란 영향을 미쳤다고 언급했다. 또한 그는 알렉스 코트로위츠(Alex Kotlowitz)의 저서 『여기에는 아이들이 없다(There are No Chil-

dren Here)』[22]가 도시 생활을 가르치는 데 효과적이라는 사실을 발견했다. 그는 다음과 같이 설명하였다.

> 그 책은 중서부 백인 중산층이 도심에서 겪는 경험이 어떤지를 이해하는 데 내가 찾은 어느 책보다도 더 나았어요. 그 책은 단지 표면만 다루는 책이 아니라 당신이 삶에서 성공하기 위해 반드시 읽어야 하는 책이에요.

쿠마시로는 그의 전 지도교수였던 엘리자베스 엘즈워스와 드보라 브리츠만(Deborah Britzman)의 연구가 자기 연구의 대부분을 형성했다고 보고하였다.

> 그 두 사람은 모두 후기구조주의, 정신분석과 같은 종류의 일반적 학파에서 발전되어 나왔는데 지금 내가 있는 지점이죠. 만일 당신이 지난 5년 동안 나의 지적 움직임을 보았다면 내가 다소 변화를 겪었다는 걸 알 수 있을 거예요. 나는 억압을 개념화하는 방식을 바꿨고, 억압에 대항하여 가르치는 것이 무엇을 의미하는지에 대해 생각하는 방식을 바꾸었어요.

포한은 제임스 뱅크스, 칼 그랜트, 소니아 니에토, 크리스틴 슬리터의 연구가 자신의 연구에 영향을 미친다고 다시 논의하였다. 그녀는 다음과 같이 덧붙였다.

....

22 『키 작은 보헤미안』, 알렉스 코트로위츠 지음, 김영 옮김, 홍익출판사, 1991.

그들은 내게 많은 영향을 주었죠. 그들의 저서만이 아니에요. 나는 대학원에서 정기적으로 다문화교육을 위한 국가 협회인 네임(NAME: National Association for Multicultural Education) 회의에 참석했어요. 내가 대학원생으로서 학술섹션에 들어가거나 그들과 상호작용할 기회가 있을 때마다 그들은 기꺼이 개방하고 공유했어요. 그래서 그들의 저서만을 말하는 것이 아니라 그들이 어떤 사람인지가 나에게 영향을 주었다고 말하고 싶네요. 칼 그랜트, 그 사람은 대학원생을 위해서 뭐든지 할 사람이라고 말할 수 있어요. 그들은 매우 좋은 사람들이기 때문에 영향력이 있었어요. 얼마 전 회의에 참석해서 네브래스카 대학교의 교수를 만났어요. 돌아와서 그녀와 연락하고 지냈죠. 그녀가 테레지타 아귈라이고, 내 생각을 실행하는 데 큰 영향을 미쳤어요.

오오카 팡 또한 크리스틴 슬리터와 칼 그랜트의 연구가 그녀에게 긍정적인 영향을 미쳤다고 하였다.

크리스틴은 내 연구에 많은 영향을 미쳤어요. 크리스틴과 칼은 정말 많은 저술을 했죠. 내가 그들을 만났을 때 그들이 아주 잘 돌봐주었고, 유익했으며, 매우 사랑스러웠어요. 그들은 정말 친절했고 멋진 사람들이었어요.

또한 넬 나딩스(Nel Noddings), 캐롤 길먼(Carol Gilman), 루이스 몰(Luis Moll)이 오오카 팡에게 큰 영향을 미쳤다.

니에토 또한 연구에서 제임스 뱅크스, 제네바 게이(Geneva Gay), 칼 그랜트, 크리스틴 슬리터의 영향을 받았다고 하였다.

나는 선구자가 되어준 그들에게 감사해요. 또한 나는 파울로 프레이리와 조나단 코졸(Jonathan Kozol), 허브 콜(Herb Kohl), 맥신 그린(Maxine Greene) 같은 작가들의 영향을 많이 받았어요.

사회정의 교육자들이 강조한 저자, 저서, 학술논문은 우리의 세계관을 형성하는 데 있어서 교사뿐만 아니라 교과과정과 독서가 중요하며 영향력이 많다는 것을 보여주었다.

이 장에서는 사회정의를 지향하는 교육을 하는 사회정의 교육자가 되는 데 교육자들이 중요한 역할을 하였음을 보여주었다. 사회정의 교육자들은 교육자와 교사, 교수들이 사회 부정의 문제와 사회정의 옹호의 중요성에 대한 자신들의 의식을 길러주었다고 언급하였다. 교사와 교수들은 출판된 연구물을 통해 많은 사회정의 교육자들이 사회정의 운동에 참여하도록 하는 멘토 역할을 하였다.

1 교사교육을 위한 교훈

가장 중요한 첫 번째 교훈은 교실 내에서 교사들이 하는 일이 교실을 넘어서도 중요하다는 것이다. 사회정의 교육자들이 사회정의를 향해 나아가는 데 교사들이 어떤 영향을 미쳤는지에 대한 내러티브는 학생의 정체성 형성에 있어 교사의 영향을 확인해 주었다. 학생에 대해 높은 기대를 갖는 교사는 학생들로 하여금 이를 내면화시키고 자신을 높은 성취자로 생각하게 만든다.

오크스(Oakes, 2005), 페이지와 위티(Paige & Witty, 2010)의 연구는 낮은 사회경제적 배경을 가진 유색인 학생들이 다니는 학교에서 학생들에 대한 교사의 기대가 낮아지는 경향이 있음을 발견하였다. 아프리카계 미국인 교사와 함께한 니에토의 경험은 이를 지지해 준다. 낮은 기대는 낮은 사회경제적 배경을 가진 유색인 학생들이 지적으로 열등하다는 숨겨진 신념에 뿌리를 두고 있거나, 아프리카계 미국인 교사와 니에토의 경험처럼 학생들의 배경에 대한 교사들의 이해나 오해에 뿌리를 두고 있을 수 있다. 극심한 빈곤 지역에서 가르치는 많은 교사들이 학생들에게 진실한 동정심과 공감을 가지고 있으며, 학생들의 가정에 특정 학업을 성취할 수 있는 자원을 갖고 있지 않다는 것을 알고 있다. 그들은 학생들의 상황을 수용하기 위해 기준을 낮출 수도 있다. 따라서 교사의 연민은 모든 학생에게 높은 기대를 가지고 유지하는 능력을 방해할 수 있고, 교육 효율성을 손상시킬 수도 있다. 니에토의 내러티브가 보여준 것처럼 래드슨-빌링스(1994), 포스터(Foster, 1995), 마이어(1995), 페이지와 위티(2010)의 연구에서도 학생 특히 사회에서 주변화된 학생들에 대한 높은 기대가 중요하다고 밝혀졌다.

사회정의 교육자들의 내러티브가 주는 또 다른 교훈은 교사 교육 프로그램이 다양한 학생집단을 가르치기 위한 지식과 기술을 가지고 예비교사들을 준비시켜야만 한다는 것이다. 몇몇 사회정의 교육자들은 처음 교직에 나갔을 때 다양한 학생들을 가르칠 준비가 되어 있지 않았다고 보고하였다. 대부분의 사회정의 교육자들은 1970년대와 1980년대에 교직을 시작했지만, 다양한 학생을 가르칠 준비가 충분히 되지 않았다는 느낌은 오늘날에도 여전하다고 보고된다(Mthethwa-Sommers, 2012; Sleeter, 2011). 학생들에게 사회정의 문제를 소개하는 출발점으로 사회정의 교육자들의 연구와 의식 고양에 필수적이라고 인용된 저술들을 사용할 수 있다. 게다가 극심한 빈곤 지역의 학생들을 가르칠 기회를 제공하는 것은 니에토가 "기울어진 운동장"이라고 불렀던 것이나 사회에 존재하는 구조적 불평등에 대해 교사가 민감해지도록 할 수 있다. 『교사 교육에서의 다양성 연구

(*Studying Diversity in Teacher Education*)』에서 볼과 타이슨(Ball & Tyson, 2011)은 다양한 학생을 다루는 교육이 점점 인종, 민족, 국적, 언어적으로 다양한 학생들이 증가하는 국가에서 가장 중요하다고 주장했다.

교사는 외견상 혹은 신체적으로 다양한 학생들을 가르치기 위해 잘 준비되어야 할 뿐만 아니라 성적 지향과 같은 눈에 보이지 않는 형태의 다양성을 가르칠 준비가 되어야 한다. 사무라이의 동성애 이슈를 제기한 교수에 대한 쿠마시로의 내러티브는 교실에서 나누는 이야기들이 일부 학생들의 보이지 않는 다양성을 지지 혹은 거부할 수도 있음을 보여주었다. 마이너와 퀸(Meiners & Quinn, 2011)은 성적 취향의 다양성이 유치원부터 대학교까지의 교육과정에서 노골적으로 간과되고 있다고 주장하였다. 교과과정과 교실에서의 의도적인 침묵은 이성애만이 존재한다는 메시지를 전달하고, 따라서 LGBTQI로 확인된 학생들을 보이지 않는 곳으로 더 밀어 넣는다. 쿠마시로의 지도교수가 성적 취향에 대해 했던 논의는 성적 다양성이 교실 내에서 이야기되고, 연구 주제로 검토될 만한 가치가 있는 합법적인 지식이라는 메시지를 전달하였다.

사회정의 교육자들이 현장에서 받은 영향에서 얻을 수 있는 또 다른 교훈은 교사들의 인구통계가 여러 해 동안 변화하지 않고 있다는 점이다. 많은 사회정의 교육자들이 학창 시절 동안 유색인 교사를 만난 적이 없었으며, 이러한 상황은 오늘날에도 종종 발견된다. 어떤 사람들은 유색인 교사가 없는 것이 왜 문제인지 질문할 수도 있다. 몇몇 학자들은 학생 인구통계가 변하기 때문에 교육 집단도 다양해야 한다고 주장한다(Banks, 1996; Nieto, 2000). 또한 유색인 학생이나 백인 학생이 자신과 닮은 역할 모델과 닮지 않은 역할 모델을 갖는 것이 중요하다. 다양한 세상을 살아가기 위해 학생들은 다양한 인구를 대표하는 역할 모델을 볼 필요가 있다. 백인인 지식 공급자와 교육 권위자에게 지속적으로 노출되는 것은 오로지 백인만이 지식의 위치에 설 수 있다는 숨은 의미를 제공하여, 훅스(2004)가 말한 백인 우월성 신화를 강화한다. 슬리터와 밀너(Sleeter & Milner, 2011)는 더이상 유색인 예비교사들의 숫자가 적다는 사실을 교사 교육에서 무시해서는 안 된다고 주장하였다. 그들은 학교에서 유색인 교사의 수를 늘리기 위해 유색인 예비교사의 선발과 유지를 위한 연구 기반을 제공하였다.

현장에서 사회정의 교육자들이 경험한 공통점은 현상 유지를 받아들이지 않으려고 했다는 것이다. 오히려 그들은 현상 유지를 변화 가능한 것으로 보았고, 자신을 그러한 변화를 만들 수 있는 존재로 보았다. 그들은 절망과 억압이 설득력이 없다고 인식하였으며, 사회적 변화를 실현 가능한 것으로 인식하였다(Giroux, 1988). 교사 교육 프로그램에 대한 함의는 의식 고양만으로는 충분하지 않다는 것이다. "당신은 그것과 관련해 무엇을 할 것인가?"라는 질문을 던지는 것이 중요하다. 그랜트(2012)가 지적했듯이, 사회 불평등에 대한 단순한 이해만으론 사회정의로 나아갈 수 없다. 우리가 교실, 학교, 사회 전반의 불평등에 맞설 수 있는 것은 행동이다. 행동(action)이 사회정의를 향해 우리를 움직이게 만든다.

1　어떤 교사나 교수가 당신에게 긍정적인 영향을 주었는가? 그들의 특성은 무엇인가? 왜 그들의 행동이 당신에게 긍정적인 영향을 주었다고 생각하는가?

2　어떤 교사나 교수가 사회 불평등에 대한 당신의 인식을 길러주었는가? 그들은 어떻게 하였는가?

3　코펠만의 내러티브에서는 두 명의 아프리카계 미국인 소년이 흑인에 대한 부정적인 태도를 내재화했기 때문에 자신을 흑인이 아니라 갈색인이라고 말했다고 하였다. 소년들이 흑인과 동일시되기를 원하지 않는 것은 내재화된 억압 때문이라는 그의 주장에 대해 어떻게 생각하는가? 자신을 갈색인이라고 하는 소년들의 주장을 해석할 수 있는 다른 방법이 있는가?

4　아귈라는 내담자와의 작업에서 비정통적인 방법에 대해 논의하였다. 이 이야기가 교육에 어떤 교훈을 제공하는가?

5　학교 및 사회전반의 사회적 불평등에 대해 당신의 의식을 고양시킨 도서목록을 작성해 보아라. 이 책들은 어떻게 당신의 의식을 고양시켰는가?

참고문헌

Ball, A.F., & Tyson, C.A. (2011). *Studying diversity in teacher education*. Lanham, MD: Rowman & Littlefield Publishers Inc.

Banks, J.A. (Ed.). (1996). *Multicultural education, transformative knowledge and action*. New York, NY: Teachers College Press.

Banks, J.A. (2006). *Race, culture, and education: The selected works of James A. Banks*. New York, NY: Routledge.

Bell, L.A. (2010). *Storytelling for social justice*. New York, NY: Routledge.

Darling-Hammond, L. (1999). *Teacher quality and student achievement: A review of state policy evidence.* Seattle, WA: Center for the Study of Teaching and Policy, University of Washington.

Dewey, J. (1938). *Experience and education.* Indianapolis, IN: Kappa Delta Pi.

Foster, M. (1995). African American teachers and culturally relevant pedagogy. In J. A. Banks & C.A.M. Banks (Eds.), *Handbook of research on multicultural education* (pp. 570–581). New York: Macmillan.

Freire, P. (1970). *Pedagogy of the oppressed.* New York, NY: The Continuum International Publishing Group Ltd.

Giroux, H.A. (1988). *Teachers as intellectuals: Toward a critical pedagogy of learning.* Westport, CT: Bergin & Garvey Publishers Inc.

Gramsci, A. (1977). *Selections from political writings: 1921–1926.* London, UK: Lawrence and Wishart.

Grant, C.A. (2012). Cultivating flourishing lives: A robust social justice vision of education. *American Educational Research Journal, 49*(5), 910–934.

Hooks, B. (2004). *We real cool: Black men and masculinity.* New York, NY: Routledge.

Ladson-Billings, G. (1994). *The dreamkeepers: Successful teachers of African American children.* San Francisco: Jossey-Bass.

Leistyna, P. (1999). *Presence of mind: Education and the politics of deception.* Boulder, CO: Westview Press.

Meier, D. (1995). *The power of their ideas: Lessons for America from a small school in Harlem*. Boston, MA: Beacon Press.

Meiners, E., & Quinn, T. (2011). Militarism and education normal? *Monthly Review, 63*(3), 77–86.

Mthethwa-Sommers, S. (2012). Pedagogical possibilities: Lessons from social justice educators. *Journal of Transformative Education, 10*(4), 219–235.

Nieto, S. (2000). *Affirming diversity: The sociopolitical context of multicultural education* (3rd ed.). NY: Longman Publishers.

Oakes, J. (2005). *Keeping track: How schools structure inequality*. New Haven, CT: Yale University Press.

Paige, R., & Witty, E. (2010). *The black-white achievement gap: Why closing it is the greatest civil rights issue of our time*. New York, NY: American Management Association.

Sleeter, C.E. (2001). Preparing teachers for culturally diverse schools: Research and the overwhelming presence of whiteness. *Journal of Teacher Education, 52*(2), 94–106.

Sleeter, C.E. (Ed.). (2011). *Professional development for culturally responsive and relationshipbased pedagogy*. New York, NY: Peter Lang .

Sleeter, C.E., & Milner, H.R, I.V. (2011). Researching successful efforts in teacher education to diversify teachers. In A.F. Ball & C.A. Tyson (Eds.), *Studying in teacher education* (pp. 81–104). New York, NY: Rowman & Littlefield.

7장

세계적·사회적·역사적인 영향

개요

이 장에서는 사회정의 교육자들의 발달에 영향을 미친 세계적·사회적·역사적인 사건을 탐색한다. 세계적·사회적·역사적인 사건으로는 베트남 전쟁, 중국에서의 정치적 시위, 미국에서 일어난 정치 활동가에 대한 암살, 세계적으로 영향을 준 다른 사건 등 미국 안팎에서 일어난 주요 사건들이 포함된다. 그리고 이러한 사건들이 어떻게 참여자들을 교육자의 사회적 역할에 대해 비판적으로 성찰하게 만들었으며, 삶에서 사회정의 운동에 참여하도록 이끌었는지 점검한다. 이 장에서는 정치적으로 의식적이며 사회정의를 지향하는 시민을 교육하는 데에 필수적인 것으로 세계적 맥락에 주목하였다. 이것은 사람들이 사회 부조리를 줄이기 위한 행동을 하지 않은 채 사회정의를 지향할 수는 없음을 보여준다. 이 장의 마지막에 있는 성찰질문은 독자의 삶에서 발생한 세계적 사회적 역사적 사건을 명료화하고, 자신의 삶에 이러한 사건들이 초래한 영향을 확인하도록 초대한다. 성찰질문에서는 누가 이러한 사건으로 이익을 얻고 누가 불이익을 받는가라는 대단히 중요한 질문을 함으로써 독자가 사회정의 입장에서 그 사건에 대해 생각해보도록 한다.

핵심 용어

사회정의 지향 세계화교육, 세계화교육, 사회적 사건, 역사적 사건, 시민권이 장은 사회정의 교육자가 되기로 한 결정에 영향을 미친 세계적·사회적·역사적 사건을 탐색한다. 세계적·사회적·역사적 사건은 미국 안팎에서 일어났다. 사건의 일부는 미국이 공식적으로 혹은 비공식적으로 관련됐던 전쟁과 미국이나 다른 나라의 경제정치적 사건을 포함한다. 또한 이 장은 경제적 상호 관계가 아닌 사회정치적 상호 관계로 정의된 세계화를 다룬다. 세계화는 "민주주의나 인권과 같은 특정한 아이디어, 가치, 관행의 확산을 포함한다"(Dator et al., 2006, p. 13).

여덟 명의 사회정의 교육자들은 지역사회적·역사적인 사건이 사회정의, 특히 그것의 행동 기반 요소에 대한 이해에 영향을 미쳤다고 보고하였다. 이들 대부분이 1960년대에 성장한 세대이며, 이들은 그 시대가 사회정의를 지향하기 위한 비옥한 토대를 만들었다고 하였다. 다니엘 타텀은 마틴 루터 킹과 케네디 대통령 암살에 대한 기억을 기술하였다.

> 마틴 루터 킹이 암살되었을 때 난 열서너 살 정도였는데 아직도 매우 선명하게 기억해요. 암살에 대한 뉴스와 그것이 부모님에게 미치는 비참한 영향을 알게 되었죠. 모든 것이 뉴스 위주로 돌아갔어요. 케네디 대통령이 암살되었을 때를 기억해요. 그 기억들은 사람들이 섬광기억이라고 부르는 건데 자신이 어디에 있었는지를 정확히 기억하는 거예요.

다니엘 타텀은 어렸을 때, 사회정의를 위해 일하는 것이 초래하는 결과를 알게 되었고, 그것은 어떤 사람에게는 폭력과 살인을 부를 정도로 너무 무서운 것이었다. 안드르제쥬스키는 대학에 다녔던 1960년대라는 시대와 환경이 여러 수준에서 그녀의 의식을 키우는 산파 역할을 했다고 회상했다.

> 60년대의 전체적인 풍토는 모든 것에 의문을 제기하는 것이었죠. 권위

에 의문을 제기했고, 정부가 하는 일에도 의문을 제기했어요. 기업에게 도 부분적으로 의문을 제기하기는 했지만 많지는 않았어요. "제기랄, 싫어요. 우린 가지 않을 거예요. 우린 텍사코(Texaco)[23]를 위해 죽고 싶지 않아요."라고 했죠. 문제의식은 부분적으로 존재하고 있었어요. 또한 나는 그 당시 시애틀에 있는 레즈비언 공동체와 연결되어 있었어요. 당신이 알다시피 잘 살펴보기 시작하니 이성애적 관계가 나를 위한 유일한 대안이 아니었어요.

그녀는 정부에 대해서뿐만 아니라 강제적으로 부과된 이성애우월주의에 의문을 제기하였다. 주류 이념과 인식론과 관련하여 현재 상태에 의문을 제기하는 능력은 사회정의 교육을 향한 첫 단계이다(Grant, 2012).

코펠만은 60년대에 10대였다. 그는 "전 1966년에 고등학교를 졸업했어요. 워싱턴에서 마틴 루터 킹 가두시위가 있었을 때, 고등학교 1학년 아니면 2학년이었을 거예요." 그러나 그는 대학에 다닐 때 수십 년간 침잠해 있던 사회정치적 이슈들에 진지하게 참여하기 시작하였다. 그는 다음과 같이 설명했다.

제가 실제로 그런 이슈에 대해 진지하게 생각하기 시작한 때는 대학생이 되어서였죠. 네브래스카 대학에 갔기 때문에 생각할 수 있었다고 말할 수 있어요. 네브래스카는 매우 보수적인 주였어요. 네브래스카 대학은 주보다는 확실히 좀 더 진보적이었지만, 아이오와 대학 같지는 않았어요. 아이오와 대학은 많은 활동을 했고 60년대 어느 시점에 캠퍼스가 폐쇄되기도 했죠. 네브래스카에서는 어떤 일도 일어나지 않는 것처럼 보였

....
23   미국의 석유 회사.

어요. 우리는 평화를 위한 가두시위를 했죠. 한두 가지는 시민권을 위한 것이었는데 참여도가 매우 낮았어요. 하지만 어떤 면에서는 좋은 일이 기도 했어요. 왜냐면 이 문제에 대해 생각할 시간이 주어졌고, 거리에서 잡히지 않았으니까요. 무슨 일이 일어나고 있는지, 그것이 나에게 무엇을 의미하는지, 내가 서 있는 자리는 어디인지에 대해 성찰할 시간을 주었어요. 베트남 전쟁이 실로 어려운 문제였지만, 결국 저는 동세대의 많은 사람들이 느끼는 것보다도 더 그런 전쟁은 말이 안 된다고 생각하게 됐죠. 시민권 투쟁은 링컨에서는 덜 겪고 있었기 때문에 사실 좀 쉽게 피할 수 있었던 것 같아요. 베트남 전쟁은 내가 징집될 예정이고 내가 갈지 말지 결심해야만 하기 때문에 결정이 필요했죠. 내가 기억하기에 링컨에서 대규모 반전 모라토리엄 시위가 열렸던 밤에 비가 내렸어요. 수백 명이 나타나길 기대했는데 비 때문에 단지 이백여 명이 나왔어요. 그것이 내 첫 단서가 되었죠. 비가 계속 내리면 많은 사람들이 멀어질 거라 생각했어요. 나는 거기 참석한 많은 사람들이 도덕적 원칙 때문에 거기 있었다고 생각하지 않아요. 그들은 자기 생명을 지키기 위해 있었던 거죠. 전쟁이 끝났을 때 많은 사람들이 일상으로 복귀하는 것을 보면서 '뭐, 그런 거구나'라고 생각했죠.

소극적 참여에 대한 코펠만의 이야기는 행동과 지속적인 활동을 토대로 한 비판적 성찰의 중요성을 강조한다. 또한 이 이야기는 전쟁이 부정의하다는 원리에 기초하여 그가 참전하지 않기로 한 결정을 조명해 준다.

니에토는 대학을 졸업하고 시민권 투쟁에 참여하기 시작하였다. "60년대에 나는 젊은 여성이었고 대학생이었어요. 60년대 중반에 대학을 졸업했죠. 내가 다니던 대학은 보수적인 가톨릭 대학이었고, 난 그런 것을 다 겪지 않았어요." 그러나 브루클린 대학의 교직원이 되었을 때 정치적 활동을 시작하였고, 결국 교무과장실을 점거한 일 때문에 구금되었다.

> 내가 기억하는 건 블랙 팬서[24]가 매일 뉴스에 나왔고, 영 로드당(黨)[25]이 일곱 블록에 걸쳐 푸에르토리코 퍼레이드에서 행진을 했다는 거예요. 믿을 수 없었죠! 어쨌든 이런 모든 일들이 일어났고 대학에도 번졌지요. 그때가 내가 브루클린 대학에 간 시기예요. 나는 스물 여덟인지 아홉인지에 그 학교에 전임강사로 가서 3년을 지냈어요. 그 3년은 갈등, 혼란, 장악, 집회 및 시위로 가득했어요. 나는 체포되었고 'BC 44'의 일원이라고 불리기도 했어요. 나는 교무처 사무실을 점거한 행위로 체포된 3명의 교수와 41명의 학생 중 한 명이었거든요. 그 시절은 매우 격동적인 시기였고 나는 많은 걸 배웠어요. 실제로 그들은 교육을 어떻게 바라봐야 하는지에 대해 많은 영향을 주었어요.

정치적 분위기는 니에토가 부당한 대학 정책을 수용하는 데 반대하는 입장을 취하도록 영향을 미쳤다. 니에토와 코펠만의 이야기는 사회정의에 대한 논의에서 종종 무시되는 사회정의 교육의 한 측면인 다른 사람들과의 연대의 중요성을 지적하고 있다. 이러한 이야기들은 사회적 불의에 대항하는 행동에서 연대가 필요함을 보여준다.

쿠마시로는 베트남전뿐만 아니라 민권운동 시대를 경험하지 못했다. 그러나 세계적인 사회-정치 연대에 대한 그의 인식은 어릴 때부터 길러졌다.

....

24   1965년에 결성된 미국의 급진적인 흑인운동(결사)단체로 흑인공동사회에서의 자결권·완전고용·병역 면제·공정한 재판 등을 목표로 하였다.
25   미국에 있어서 라틴 아메리카계 시민의 정치·경제력의 향상을 추구하는 스페인어계 미국인의 급진 단체다.

나를 움직인 일 중 하나는 고등학교 때 일어난 천안문사태를 지켜본 것이었어요. 그날 오후까지 모든 나쁜 일들이 일어나는 것을 지켜보고 있었죠. 그것은 단지 수치심이나 그런 종류의 것이 아니었어요. 어느 날 오후에 한 무리의 친구들과 앉아 있었어요. 내 친구 중에 한 명은 실제로 중국 베이징에 친척이 있었죠. 그래서 그 친구의 반응은 매우 개인적인 것이었어요. 그녀는 "난 이런 일이 일어나고 있다는 걸 믿을 수 없어. 내 가족이 관련되었는지 모르겠어."라고 했죠. 그 얘기를 듣고는, 실제로 이 사건이 주변의 많은 사람들에게 닥쳤을 때 내가 얼마나 이 사건을 매우 탈개인적이고 무심하게 바라보고 있었는지 생각하게 됐어요. 먼 곳에서 일어난 사건일지라도 우리가 그 장소와 연결되어 있다는 것을 알게 되면서 내가 사건을 다르게 보게 된 것 같아요.

천안문사태는 사회정의에 대한 쿠마시로의 이해를 복잡하게 하였다. 예를 들어, 그는 세계 어딘가에 존재하는 사회부정의는 모든 곳에서 인간성을 침해한다는 것을 배웠다고 보고하였다. 그 영향이 단지 그곳에만 국한되어 있는 일이 아니기 때문이다. 덧붙여 천안문사태는 그에게 무관심의 위험성을 가르쳐주었다. 사람들이 세상의 사회부정의에 대해 무관심할 때 그들은 사회부정의가 계속되도록 허용하는 것이다. 그가 해외에 있는 중국 학생에 대해 관심을 가졌을 때, 그는 세상에서 억압받는 사람들이 서로 연결되어 있음을 깨달았다. 그것은 사회정의 교육에서 가장 중요한, 비판적인 사고에 몰두하는 능력을 촉진시켰다. 상황에 대한 비판적 사고와 점검을 통해 쿠마시로는 다른 사람을 억압하는 것이 자신의 자유를 위협할 수 있음을 깨달았고, 그것이 그가 사회정의라는 가치를 발전시키는 데 결정적인 역할을 하였다.

안드르제쥬스키는 사람들의 자유가 세계적으로 연결되어 있다는 것을 모른 채 학교 교육을 받았다. 그녀는 『세계시민권과 사회적 책임에 대한 교육(*Education for Global Citizenship and Social Responsibility*)』에서 이렇게 기술하였다.

> 내가 지금 가르치는 것의 대부분은 정규 교육에서 배우지 못한 것이다. 사회 운동에 참여한 결과로 수년간의 학교교육에서는 결코 다루어지지 않았던 정보를 접하게 된 셈이다. 비영리 대안 언론이 내가 평소에 읽던 뉴스 매체에는 특정 관점이 표현되지 않는다는 것을 깨닫게 해 주었다. 이렇게 얻은 정보는 내가 정규 교육에서 배웠던 많은 것들과 모순되었으며 그것들에 의문을 제기하는 것이었다. 그건 여성이며, 대학 졸업 1세대이자, 소매점 직원이었던 어머니와 장기적으로 실업자였던 아버지를 둔 내 자신의 삶의 경험과 깊이 관련되어 있었다. 이 새로운 정보에 대한 나의 경험은 많은 문제에 대한 전통적인 지혜를 분석하고, 문제를 제기하고, 탐색하도록 하면서 평생 자기교육과정을 촉발시켰다(Andrzejewski & Alessio, 1999, p. 1).

그녀는 사회운동을 통해 세계사회와의 연결을 발견하였다고 주장하였다. 상황에 따라 발견되기도 하는 이슈들이 있으며, 젊을 때 배운 것은 나이가 들면서 변화될 수도 있다. 이것은 평생학습자의 자연스런 진행처럼 보일지 모른다. 그러나 안드르제쥬스키는 학생들이 세계적 맥락에서 인간권리를 배울 필요가 있다고 주장함으로써 이러한 사고방식에 대해 경고하였다. 그녀는 자세히 말했다.

> 만약 오늘날 미국 학생들이 우리가 배웠던 것과 다른 것을 배우고 있다면, 우리가 자기재교육에 참여해야 한다는 사실이 매우 놀랍거나 고통스

럽지 않을 것이다. 그러나 자금이 부족한 학교에 있는 재능 있는 교육자의 진지한 노력과 헌신에도 불구하고, 수업에서 학생들은 우리가 수년 동안 탐색하고 파헤쳐 온 수많은 미신과 오정보를 똑같이 가진 채 대학에 오는 것처럼 보인다. 몇 가지 예외를 제외하면 가르치는 기본적인 정보와 기술은 대체로 수년 동안 똑같이 남아있다. 다문화교육과 성평등교육을 위한 다양한 주정부 법률과 지침이 시행된 지 20년이 지났음에도 불구하고, 자원이 부족하고 여러 문제로 힘겨워하고 있는 대부분의 학군에서는 내용을 실제적으로 변화시키기보다는 법규의 표면적 요구를 맞추는 방법만 찾고 있다. 너무 많은 학교에서 여전히 콜럼버스가 "미국을 발견"했고, 조지 워싱턴이 "우리 나라의 아버지"이다. 역사는 여전히 너무 자주 위대한 백인 남성의 이야기가 되었고, 다양성을 위해 여성과 유색인을 예외적으로 덧붙일 뿐이다. 미국은 많은 실수를 저질렀음에도 불구하고 인권과 민주주의를 위해 싸운 세계 제일의 나라를 대표하고 있다. 다른 나라에 대해서는 그들에게 어떤 유용한 천연자원이 있는지를 알기 위해 처음 배우게 된다. 다른 나라 사람들은 일반적으로 덜 똑똑하고, 기술이 덜 발달했으며, 종종 자국의 일을 다룰 능력이 없는 것처럼 묘사된다. 과학은 세계 유일의 정확한 정보를 대표하고 항상 더 좋은 사회를 위해 작용하는 가치중립적인 체계로서 제시되고 있다. 자연은 종종 인간의 소비와 이윤을 위해 개척되고, 팔리며, 개조되는 상품처럼 묘사되고 있다. 민주주의는 견제와 균형이라는 편안한 체계 내에서 미국정부가 어떻게 효과적으로 작동하는지에 대한 연구로 제시된다. 익숙한 목록이 계속 반복되고 있다(1999, p. 1).

안드르제쥬스키는 이 교육 시스템이 미국은 다른 국가들을 이끄는 유아독존적 국가(island country)로서 존재한다는 신화를 영속시키는 것이라고 주장했다. 이 신화는 세계적 맥락에서 사람들과 동등한 수준의 관계를 맺을 수 없도록 미국 학생들에게 우월감을 주입시키는데, 특히 후진국이나 개발도상국으로 낙인 찍힌 나라 출신의 사람들에게 더욱 그렇다. 그러므로 세계화를 경제적 기반뿐만 아니라 인류의 상호 연관성이라는 개념으로 가르치는 교육은 사회정의 교육에 필수적이다.

『다문화교육의 숨은 뜻 살펴보기(*Probing Beneath Meanings of Multicultural Education*)』에서 슬리터는 사회정의 맥락에서 무엇이 세계화교육이고 무엇이 아닌지를 설명했다. 그녀는 "세상 사람들 사이의 문화적 차이를 인식하고 받아들이도록 학생들을 가르치는 것"(2010, p. 16)은 세계화교육을 지향하는 사회정의가 아니라고 지적하였다. 미국과 해외의 많은 학교들은 학생들에게 다양한 나라의 음식과 문화적 공예품을 가지고 오도록 하고, 어떤 곳에서는 다른 나라 사람들을 초대해서, 그들의 문화에 대해 소개를 받거나 학생들에게 나라나 문화에 대한 과제를 준 후 학급에서 그 정보를 발표하게 하는 방식으로 '세계의 날(international day)'를 기념한다. 이러한 활동 모두 학생들에게 전 세계를 아우르는 문화적 차이에 대한 공감을 증가시킨다. 누스바움(Nussbaum, 1997)은 이러한 세계화교육의 형태를 범국제적인 세계화교육으로 언급하였다. 슬리터(2010)는 범국제적 세계화교육이 좋은 느낌의 교육이지만, 그것이 사회정의 교육을 촉진시키는 것은 아니라고 주장하였다.

정체성이 (성장배경에) 일부 귀속된다는 현실이 무시되고 있죠. 그래서 차별을 경험한 사람들이 새로운 정체성을 선택하는 것은 간단한 문제가 아니에요. 주변화의 다른 형태가 있는 것처럼 원주민에 대한 관심은 특히 이런 개념에서 무시되어 왔지요. (…) 문화가 교육과정의 일부가 되어야 하지만 문화적 감수성보다는 평등과 정의가 강조되어야 해요. (…) 집단에 대해 공부하기보다 젠더, 인종, 연령, 민족, 출신지, 장애 및 그 밖의 요소들에 따라 다른 집단 간 혹은 집단 내의 권력 관계에 집중해야 해요.

슬리터(2010)는 국제 공동체와 세계화 마을에 대한 수업을 통해 배우는 나라에 대한 학생들의 지식을 증진시킬 뿐만 아니라, 인류의 상호연결성을 발달시키고 사회정의 교육의 목적 중 하나인 "영향력이 없는 집단에 공동의 힘을 강화하고 주류 집단과의 동맹을 개발"해야 한다고 주장했다.

카넬라(Cannella, 2011)는 세계화를 시장의 효율성으로 바라보면 안 된다고 언급하였다. 그녀는 이러한 관점에서 세계화를 볼 때 우리는 맹목적으로 시장의 효율성을 추구하는 위험을 감수해야 한다고 경고했다.

불평등으로 차이가 벌어지면서 사회적 부정의가 생겨난다. 예를 들어 폐기물관리회사는 그런 행위를 금지하는 법이 제정되지 않은 지역(종종 시골이거나 해외의 유색인 혹은 가난한 사람들이 사는 곳)에 유해물질을 싸게 버림으로써 좀 더 효율적인 경영을 시도할 수 있다. 시장원리에 기초한 경제에서 특권을 덜 가진 이런 지역사회는 더 위태로워질 것이고 주변화될 것이다(2011, p. 52).

다시 말하면 세계화와 시장의 효율성은 인권이나 안전한 환경에서의 삶에 대한 침해를 허용할 수도 있다. 인권 침해에 가장 취약한 사람들은 미국 내 혹은 해외의 유색인이나 경제적으로 가난한 사람들인 경우가 많다.

사회정의 교육자들은 세계화의 맥락에서 사회정의 교육이 두 가지 주요 특징을 포함한다는 것에 동의한다. 첫째, 세계화가 '자유 시장'과 경영의 '효율'적인 방식에 대한 것으로 간주되어서는 안 된다. 그 대신 세계화는 인권에 의해 뿌리내린 인간 간의 연결성 이슈로 설명되어야 한다. 둘째,

사회정의 교육자들은 누스바움(1997)이 다양한 세계 문화의 수용과 감수성을 격려하는 범국제적 세계화교육이라고 명명했던 것에서 벗어났다. 사회정의 교육자들은 다양한 문화의 수용과 감수성을 긍정적이라고 믿지만, 사회정의가 지향하는 세계화교육에서는 문화가 세계 권력 위계에서 어떻게 위치되는지를 이해하는 것에 목표를 둔다. 예를 들어, 어떻게 모든 문화가 세계적인 규모에서 똑같이 평가되지 않는지에 대해 토의하는 것이 중요하다. 세계 지도자들이 만날 때 따라야 할 복장 규정에 관해 질문을 제기하면 문화 권력의 역동을 설명할 수 있게 된다. 다음과 같은 질문을 던질 수 있다. 누구의 복장 규정이 더 비즈니스에 적합한 것으로 인식되며, 누구의 복장 규정이 그렇지 않은가? 비즈니스 복장 규정이 '자연스러운' 문화로 보이는 나라는 어떤 권력을 가지고 있는가? 비즈니스에 맞는 복장 규정을 지닌 문화처럼 보이는 것과 일상적인 복장을 포기하고 비즈니스 복장 규정을 따라야 하는 사람들 사이에 자원은 어떻게 분포되어 있는가? 세계화는 서구문화로의 동화를 의미하는가?

1 교사교육을 위한 교훈

이 장의 주요 교훈은 이익과 손실이라는 자본주의 기초 개념을 넘어서 세계화 개념을 바라봐야 한다는 것이다. 대신에 세계화라는 개념은 세계를 아우르는 다른 사람들과 연대하는 환경 내에서, 그리고 인간 권리라는 맥락 안에서 인식되어야만 한다. NCLB(No Child Left Behind)와 RTTT(Race to the Top)라는 미국의 교육정책은 경쟁과 개인주의를 촉진하기 위해 세계화의 경제적 측면에 초점을 맞추고 있으며, 이는 연대와는 상반된 가치이다. 교육자가 개인주의와 경쟁이라는 자본주의 가치에 기반을 두지 않는 세계화의 다른 측면을 제시하는 것이 중요하다. 왜냐하면 세이어-베이컨(Thayer-Bacon, 2013)이 지적한 대로 "우리는 개인주의나 자기중심주의 위에 민주주의를 구축할 수 없다"(p. 16). 학생들에게는 나라 안팎의 다른 사람들과 관련하여 자신을 바라볼 기회가 제공되어야 한다. 세계에서 일어나는 사건들은 학생들의 세계와 세계 사람들 사이의 연관성을 만드는 교육적 도구로 사용될 수 있다. 예를 들어, 2013년에 인도의 공장 건물이 붕괴되었고 많은 사람들이 죽었다. 전 세계 사람들을 위해 옷을 생산하던 이 공장은 과밀해졌고 노동력 착취의 현장과 비슷해졌다. 이 사건은 자본주의 관점에서의 세계화가 어떻게 인간의 권리 측면에서의 세계화와 대립되는지를 이해하는 데 사용될 수 있다. 비판적인 생각을 이끌어내기 위해 다음의 질문을 사용할 수 있다.

- 누가 싼 노동력으로 이익을 얻는가?
- 누가 싼 노동력에 의해 부당한 대우를 받는가?
- 싼 노동력을 유지시키는 데 나 혹은 우리는 어떻게 연관되어 있는가? 만약 우리가 싼 노동력을 통해 이익을 봤다면, 옷을 생산하면서 부당하게 대우를 받는 사람들에 대한 우리의 역할은 무엇인가?
- 어떻게 모든 사람이 공평하게 보상받을 수 있도록 보장할 수 있는가?

이러한 질문들은 우리가 세계적 수준에서 연결되어 있다는 것에 대한 토론과 다른 사람과의 연대나 공감을 발달시키는 데 매우 필요한 토론을 시작하게 만든다.

코펠만의 이야기는 또 다른 교훈을 보여주었다. 코펠만은 어떤 사람들은 베트남전쟁으로부터 직접적으로 영향을 받았기 때문에 베트남전쟁에 관심을 갖고 소리 높여 항의했다고 말했다. 그러나 시민권 침해에 대항하는 시위에는 관심이 없었는데 자신들의 시민권이 침해되지 않았기 때문이다. 이 이야기는 개인주의와 이기주의의 개념에 내재된 질문을 하게 만든다. 개인적으로 영향을 받지 않았다면 왜 내가 관심을 가져야만 하는가? 『자유의 변증법(*Dialectic of Freedom*)』에서 그린(Greene, 1988)은 개인주의와 이기주의는 공동체 개념을 강조하는 교육에 의해 비판받을 수 있다고 하였다. 그녀는 "우리가 다른 사람들 사이에서 살아남는다는 것이 무엇인지 사람들에게 상기시키기 위해"(p. xii) 이러한 개념을 강조할 필요가 있다고 하였다. 인간은 다른 사람들로 인해 인간이 된다. 사람들은 다른 사람들과 독립적으로 존재할 수 없다. 아체브(Achebe, 2009)는 "우리가 자신을 평가절하하지 않고 다른 사람을 짓밟을 수 없다. 진흙에서 다른 사람을 제압한 사람은 그 사람을 제압하기 위해 진흙에 머물러야 한다."(p. 23)고 하였다. 코펠만의 이야기는 사람들이 직접적으로 자신에게 이익이 되는지 알 수 없을 때, 왜 사회변화에 관심을 갖고 그것을 옹호해야 하는지에 대한 발판으로 사용될 수 있다.

쿠마시로는 베이징에 친척이 있는 친구 때문에 천안문사태에 민감해졌다는 이야기를 하였다. 이 이야기는 축소된 세계 및 미국과 세계의 직접적인 연관성을 밝혀주었다. 국립교육통계센터(NCES, 2011)에 따르면 미국 공립학교 학생 중 약 15%가 외국 태생이고, 그중 많은 수가 전쟁으로 파괴되고 문제에 처한 나라의 난민으로 미국에 왔다. 미국에서 태어나지 않은 많은 수의 학생들, 심지어 미국에서 태어났지만 부모나 친척이 외국 출신인 학생들은 삶에서 세계화의 개념을 깨닫게 되고 그것을 말 그대로 교실에 내놓는다. 미국 내에서의 타인들, 나아가 지구촌 세상의 타인들과 연결될 수 있도록 값싼 노동력, 인신매매, 가난, 환경 같은 개발도상국의 이슈들이 교실에서 주목받아야 한다. 이러한 이슈와 인간의 연결성에 대한 인식은 교사와 학생들의 국제적인 책무에 대한 감각을 발달시키기 위해 교사교육에서 필수적으로 다루어져야 한다. 안드르제쥬스키의 이야기는 교사에게 국제적인 책무를 준비시키는 재교육과정이 제공되어야 함을 지적하고 있다. 그녀는 그런 프로그램이 미비함을 깨달았을 때 홀로 그 일에 착수해야만 했다.

덧붙여, 사회정의 기반 세계화교육은 인간의 연결성과 권리를 강조한다. 이런 교육은 세계경제의 부패하고 잔인한 효과에 대항하여 싸우기 위해 사용될 수 있다. 사회정의 기반 세계화교육은 훅스(2000)가 말한 백인우월주의, 여성혐오, 동성애혐오에 기반한 문화를 영속시키는 문화에 반대한다. 인다와 로잘도(Inda & Rosaldo, 2008)는 문화의 일방향적인 흐름(서방 또는 북방에서 시작해 동방 또는 남방으로 흐르는)을 다루는 문화적 세계화의 비대칭성이 검토되어야 한다고 주장하였다. 그들은 다음과 같이 주장하였다.

세계화 과정은 다른 문화에 대한 특정문화의 지배를 포함한다. 다시 말하면, 문화 상품의 전 세계적 이동의 증가는 주로 나머지 세계에 대한 서구(주로 미국) 문화의 문화적 강요와 지배의 과정으로 나타난다.

전 세계를 지배할 만큼 강한 서양문화의 영향은 문화적 차이의 수용보다는 문화의 동질성과 획일화를 이끈다. 학생들에게 문화적 세계화와 문화 동질화의 부정적 영향을 이해하도록 하는 한 가지 방법은 윌리엄 프래트(William Pratt)에 의해 지지되는 아메리카 원주민의 미국화 또는 영국화와 이것을 연결해 보게 하는 것이다. 학생들은 1800년대 아메리카 원주민 교육과 문화적 세계화 움직임 사이에서 유사점을 비교할 수 있다.

또한 학생들은 지구촌 세상에서 성차별주의와 여성혐오를 토론함으로써 우월한 입장에서 벗어나 세계적 이슈를 이해하도록 촉진될 수 있다. 훅스(2000)는 일부 아프리카 국가에서 시행되는 여성 할례와 미국과 서양을 곤혹스럽게 하며 유행하는 식이장애를 연결하였다. 둘은 남성적 시각에서 보는 바람직한 이상형과 남성을 즐겁게 해야 한다는 강박관념인 성차별주의로 연결되어 있다. 둘 사이의 연결로 학생은 세계적인 성차별주의와 지역적으로 일어나는 성차별주의를 연결시킬 수 있을 것이며, 세상의 다른 사람들과 연대하기 위한 조치를 취할 수 있을 것이다.

이 장에서는 세계적 사회적 역사적 사건이 사회정의 교육자들의 관점에 어떻게 영향을 주고 그들의 관점을 조성해 나갔는지를 밝혔다. 사회정의 교육자들의 내러티브는 베트남전쟁, 시민권리 투쟁, 천안문사태 같은 사건들이 그들이 세상을 보는 방식에 영향을 미쳤다는 것을 보여주었다. 게다가 이런 사건들은 사회정의 교육자들이 교육받아온 것과 사건이 제공하는 가르침 사이의 차이를 깨닫고 인식하도록 만들었다. 또한 이 장에서는 사회정의 교육자들의 내러티브로부터 도출하여 사회정의 교육과 조화를 이루는 세계화에 대한 정의를 제시하였다.

1   세계적 맥락에서 발생한 이슈에 대한 당신의 학교교육 경험은 안드르제 쥬스키의 경험과 어떻게 유사한가? 그리고 어떻게 다른가?

2   하나의 개념으로서 세계화와 관련된 당신의 경험은 무엇인가? 그것은 사회정의 교육에서 세계화로 여겨지는 사회정의 교육자들의 설명과 유사한가 혹은 다른가?

3   수업에서 사회정의 방식으로 세계화를 다룬다면 어떤 도전에 맞닥뜨리게 될까? 어떻게 이러한 도전을 피할 수 있을까?

4   사회정의 교육자들의 세계화 개념을 사용한다면, 다른 나라를 향한 외교 정책(예를 들면 이라크와 아프가니스탄에서의 외교 정책)이 어떻게 달라져야 한다고 생각하는가? 참전이 그 답이 될 수 있을까?

5   사회정의 교육자들이 제시한 세계화 개념을 사용하여 이 장에서 정의한 세계화의 개념에 따라 국가가 어떤 영향을 받는지를 탐색하고 교훈을 제공하기 위해 하나의 국가를 선택하라. 첫째, 미국의 정책과 당신이 선택한 국가와의 상호작용 패턴을 발견해야만 한다. 둘째, 사회정의 교육자들이 제시한 세계화 개념의 특징을 목록화하라. 셋째, 다음 물음에 답하여라. (a) 미국은 세계화에 대하여 사회정의 교육자들이 제시한 세계화 개념과 보조를 맞추고 있는가? (b) 어떤 방식에서 일치하고, 어떤 방식에서 다른가? (c) 상호작용하는 패턴은 무엇인가? (d) 미국이 그 나라에 수출할 때 문화적으로 미국적이라고 밝힐 수 있는 상품은 어떤 것들인가? (e) 이러한 문화적 상품은 사회정의 교육자들이 제시한 세계화 개념과 일치하는가 혹은 다른가?

참고문헌

Achebe, C. (2009). *The education of a British-protected child*. NY: Alfred A. Knopf.

Andrzejewski, J., & Alessio, J. (1999). Education for global citizenship and social responsibility. *Progressive Perspectives, 1*(2), 2–17.

Cannella, G.S. (2011). Political possibility, hypercapitalism, and the conservetive reeducation machine. *Cultural Studies-Critical Methodologies, 11*(4), 364–368.

Dator, J., Pratt, D., & Yongseok, S. (2006). *Fairness, globalization, and public institutions: East Asia and beyond*. Hawaii: University of Hawai'i Press.

Grant, C. A. (2012). Cultivating flourishing lives: A robust social justice vision of education. *American Educational Research Journal, 49*(5), 910–934.

Greene, M. (1988). *The dialectic of freedom*. New York, NY: Teachers College Press.

Hooks, B. (2000). *Feminism is for everybody: Passionate politics*. London, UK: Pluto Press.

Inda, J.X., & Rosaldo, R. (Eds.). (2008). *The anthropology of globalization: A reader* (2nd ed.). Malden, MA: Blackwell Publishing Ltd.

National Center for Education Statistics. (2011). *The condition of education 2011*. Retrieved from http://nces.ed.gov/pubsearch/pubsinfo.asp?pubid=2011033.

Nussbaum, M.C. (1997). *Cultivating humanity: A classical defense of reform in liberal education*. Cambridge, MA: Harvard University

Press.

Sleeter, C.E. (2010). Probing beneath meanings of multicultural education. *Multicultural Education Review, 2*(1), 1–24.

Thayer-Bacon, B. (2013). *Democracies always in the making: Historical and current philosophical issues for education.* Lanham, MD: Rowman & Littlefield Education.

8장

영성과 종교의 역할

개요

이 장에서는 사회정의를 위한 작업에서 참여자들에게 이정표 역할을 하거나 경멸의 원인으로 작용한 영성과 종교의 역할을 제시한다. 참여자들은 사회정의 교육의 추진력을 훼손하고 좌절시키는 신자유주의 정책의 맥락에서 영성과 종교가 사회정의를 위한 확고한 입지를 구축하는 데 중요한 역할을 한다고 보고했다. 대부분의 참여자들은 강한 영적 신념이 사회정의 교육을 계속할 수 있는 용기와 확신을 준다고 보고했다. 이 장에서는 교실 내에서 영성 탐색이 필요한 이유를 제시한다. 이 장의 끝 부분에 있는 성찰질문은 독자들에게 영성에 관한 문제와 공교육과 영성 사이에 존재하는 긴장에도 불구하고 영성이 어떻게 사회정의 교육을 위한 발판이 될 수 있는지에 대해 생각하게 한다.

핵심 용어

영성, 종교, 이슬람, 기독교, 성적 취향, 정체성 발달, 사회정의 영성은 개인의 정체성에서 중요한 부분이다(Hanes, 2006). 영성은 "자신과 다른 사람들에 대한 의식과 책임을 증가시키는 진정하고 환원 불가능하며 신성한 인간의 내적 경험"으로 정의된다(Lee & Barrett, 2007, p. 3). 높은 수준의 의식을 가진 신성한 내적 경험은 종교 기관 안팎에서 발생할 수 있다. 따라서 영성은 공식적이고 제도화된 종교뿐만 아니라 종교에 기반하지 않은 신념과 상위 존재에 대한 믿음을 포함한다. 리와 바렛(Lee & Barrett, 2007)은 영성이란 "자신의 경험, 의미구조, 목적, 그리고 자신, 타인, 우주 및 궁극적인 실제와의 관계를 충족하는 것과 관련되어 있다"(p. 3)고 주장하였다. 아스틴 등(Astin et al., 2011)은 영성을 다음과 같이 정의하였다.

> 개인의 진정성을 보는 내적인 과정, 순수성, 더 높은 힘과의 연결을 탐색하는 데에 있어서 개방적인 전체성, 관계와 공동체를 통해 자신과 타인의 연결성에 대한 더 큰 감각을 발달시키고 세상과 우주에서 자신의 역할과 위치를 정의하면서 중심에 초월적 존재를 포함하는 역동적인 구인(pp. 2-3)

영성은 많은 학생들의 발전, 다른 사람과의 연결감, 더 높은 힘에 대한 탐구에 있어서 필수적인 부분이다. 그러나 연구(Wallace, 2000; Marzilli, 2004)들에서 영성이 많은 학생과 교사의 삶에 중요한 부분이라고 밝혀져 왔음에도 미국 내 교육 분야에서 영성은 전반적으로 간과되고 있다. 1963년 국가와 교회의 분리 판결이 난 이후로 영성은 많은 사람들에게 교실과 같은 공적인 공간에 속하지 않는, 사적이고 개인적인 것으로 인식되었기 때문에 많은 교육자들이 영성에 대해 논의하는 것을 꺼린다(Tyack, 2007). 영성은 종교를 기반으로 하였든 종교를 기반으로 하지 않았든 간에 교육 분야에서 입 밖으로 드러내거나 건드릴 수 없는, 보이지 않는 중요한 정체성 표식으로 남아 있다. 14,000명이 넘는 대학생들을 대상으로 실시한 7년간의 종단 연구에서 아스틴 등(2011)은 교수진의 19%만이 학생들의 영적 발달 탐색을 장려한 것과는 달리, 4명의 학생 중 3명이 자신을 영적 존재로 간주하고 있음을 발견하였다. 파웰(Powell, 2003)은 "종교적 또는 영적 가치가 우리에게 매우 중요하다면 그것을 개인적, 사적 관심과 관련된 일이라고 말하는 것은 비현실적"이라고 주장했다(p. 117). 이 연구에서 사회정의 교육자들은 사회정의 교육에 참여하는 데 영성이 큰 영향을 미쳤다고 지적하였다. 일부 사회정의 교육자들은 종교에 기반을 둔 영성을 지닌 것으로 확인되었지만 다른 사회정의 교육자들은 비종교적인 형태의 영성을 지닌 것으로 확인되었다.

코펠만은 백인 남성으로서 1960년대 유색인에게 시민으로서의 권리가 부족한 것으로 인한 개인적인 불이익을 느끼지 않았다고 하였다. 그러나 코펠만의 종교인 기독교는 코펠만이 그것을 편하게 받아들이도록 허락하지 않았다. 그는 다음과 같이 설명했다.

일부 시민권리 문제에 대한 나의 반응은 기독교와 관련이 있어요. 특히 가장 분리된 시간은 일요일 아침이에요. 그때 난 인종에 따라 구분돼 있는 교회, 그리고 신앙의 원칙 일부를 따르지 않는 교회의 위선에 직면하게 되었죠. 확실히 난 피부색에 근거한 편견에 강한 반감을 느꼈어요. 모든 것이 내게는 미친 짓인 것 같았죠. 그건 내게 어렵지 않았어요. 간단한 문제처럼 보였죠. 난 그걸 골똘히 생각하는 데 많은 시간을 보내진 않았어요. 그냥 그런 일들을 용납할 수 없었죠. 분리를 유지하려고 애쓰는 사람들의 행동을 보고 감정과 논쟁에 귀 기울이게 되면서, 그 사람들이 꽤 불편해졌어요. 그들에게는 너무나도 분명한 결함이 있었어요. 내가 누구 편인지 결정하는 것은 어렵지 않았죠.

다시 말해, 기독교에 대한 코펠만의 믿음은 통합을 통해 인종적 정의를 추구하도록 이끌었다. 공정성과 정의라는 문제에 있어 기독교의 원칙은 확고하기 때문에 그에게 "그것은 어려운 문제가 아니었다"고 지적했다. 그는 기독교의 가르침이 사회정의에 뿌리를 두고 있으며, "다른 사람들"에 대한 책임을 장려했다고 믿었다. 그는 영성 안에서 의식의 여정을 계속 설명했다.

사회정의에 대한 내 관심의 씨앗은 아마도 고등학교 때의 두 가지 일에 의해 심어졌을 거예요. 하나는 내가 종교를 매우 진지하게 받아들였다는 거예요. 나는 기독교가 말하는 인간이 어떻게 살아야 하는지에 대해 많이 생각했어요. 그리고 나는 그것을 받아들였죠. 그것은 많은 사람들에게 존경과 존엄성을 제공하고, 은혜를 베풀어주며, 많은 면에서 인간의 정신을 확인하는 프로그램처럼 보였고, 모든 것이 매력적이라는 것을 알게 되었어요. 물론 지옥도 있고, 여러 가지가 있었지만, 나에게는 우리가 이 세상에서 살아가면서 정직하고 사려 깊게 행동하면 인생에서 우리가 해낼 수 있는 것이 있다는 생각이 더 매력적으로 다가왔어요. 둘째는 중요한 요소인데 아버지 그리고 아버지가 사람들과 함께 일하는 방식이었어요. 비록 아버지가 살아가는 삶의 방식에서 배운 것이 모든 것의 시작이었지만 나는 사회정의에 대한 기독교적 원칙들에 의해 계속 영향을 받았어요. 지금은 내가 기독교인이라고 표현하기는 어렵지만요.

영성, 특히 기독교는 코펠만에게 도덕적 나침반 역할을 했다. 그것이 그가 사회정의를 추구하도록 설득했다. 그러나 그는 동료 기독교인들이 기독교의 사회정의 교리에 맞지 않게 행동하는 것처럼 보였을 때 조직화된 기독교에 경멸을 느끼게 되었다.

60년대에 베트남 전쟁과 시민권 운동이 진행되면서, 나는 매우 혼란스러웠어요. 난 교회가 주로 옆에 앉아만 있는 것을 보았어요. 내가 교회라고 말하는 것은 주류를 의미해요. 특히 백인 중산층 교회는 방관자였고, 적극적으로 참여하기보다 문제와 떨어지길 바라고 있었어요. 난 그런 문제들을 발견했고, 나에겐 그곳이 바로 그들이 있어야 할 곳처럼 보였죠. 기독교 성직자들이 하나님의 사람이 감옥에서 무엇을 하고 있는지 물었을 때 킹 목사는 버밍엄(Birmingham)에서 편지를 보냈어요. 그는 "당신은 나와 함께 여기에 있어야 한다."고 말했어요. 그리고 나도 똑같이 반응했어요. 그 즈음에 나는 교회에 다니지 않기 시작했어요. 나는 종교와 기독교에 대해 계속 생각했지만, 기독교인들이 하는 대부분의 일들 때문에 매우 좌절했어요. 기분이 좋지 않았죠. 나는 많은 위선과 그것으로 인해서 나를 밀어내는 일들을 보았어요. 그래서 교회 신자가 되는 것과 같은 측면에서 기독교와의 관계를 다시 재개하지 못했죠. 그러나 사회정의로 이끄는 도덕적, 윤리적 원칙이라는 관점에서 난 기독교가 내 관심이 시작된 곳이라고 확신해요.

코펠만이 명명했던 사회정의 지향적인 기독교인들과 비사회정의 지향적인 기독교인 사이에서 기독교인들의 인종적 분리는 그가 소위 "주류 백인 중산층 교회들"을 경멸하게 만들었다. 그 교회들은 유색인 기독교인들에 맞서며 1960년대에 발생했던 불의에 아랑곳하지 않았다. 코펠만의 이야기는 또한 기독교가 인종과 어떻게 연결되어 있는지를 보여주며, 많은 사람들에게 종교적 정체성이 인종적 정체성과 분리될 수는 없다는 점을 강조한다. 기독교에서 인종을 분리하려는 시도는 기독교인에게 만연한 인종적 부정의(injustice) 때문에 생겨난 잘못된 분리이다(Kantrowitz, 2010). 그럼에도 불구하고 인종적 부정의라는 합병증을 가진 기독교는 코펠만이 사회정의 교육을 추구하도록 고무했다. 나중에 코펠만은 비종교적 영성에 대한 특정한 감각을 받아 들였다. 그에게 영성은 "자기인식 구축과 관련된 것으로 자신에게 놓인 진실을 분석"하도록 하였다.

기독교는 또한 다니엘 타텀이 사회정의 교육에 헌신하려는 마음을 정하는 데 기여했다. 그녀는 자신의 신앙과 사회정의 사이의 연관성을 공고히 하는 사건에 대해 보고했다.

글쎄요, 그건 계시였어요. 맞아요. 내가 이 주제에 관한 워크숍을 하고 있었던 순간에 내가 이걸 해야 한다는 것이 명백해졌고, 계시처럼 느껴졌어요. 내가 그것에 대해 더 많이 말할 수 있다는 것을 아시겠지만, 그게 아주 분명해지는 어떤 순간이 있었고 나는 변화를 겪었어요. 그 일이 일어난 바로 그 순간은 정확히 1991년 10월이에요.

동료와 함께 워크숍을 이끌고 있었어요. 그녀는 백인 여성이에요. 그녀와 나는 종종 이중인종 팀으로 함께 워크숍을 했죠. 우리는 성직자 그룹, 목사 그룹, 랍비 및 세인트루이스 지역의 다른 종교 지도자들과 함께했던 것처럼 실제로 작업 중이었죠. 그건 이삼 일짜리 피정이었어요. 그리고 워크숍 중간에 이것을 경험한 거예요. 설명하기는 어렵지만, 이 일을 하는 것의 중요성에 대한 인식이 매우 높아졌어요. 그리고 그것은 분명히 내가 해야 할 일이었어요. 특별한 순간과 함께한 워크숍의 경험은 몇 가지 질문을 남겼어요. 나는 여러 가지 질문을 가지고 집에 왔고, 그 당시 내가 참여하던 구역모임의 목사님과 내가 가진 질문에 대해 이야기를 나누었죠. 특별히 인종 차별에 관한 것은 아니었어요. 하지만 목사들 사이에서 제기된 논쟁과 관련이 있었어요. 우리가 이런 목사들과 작업하는 동안 그들 중 한 명이 '이즘' 문제를 제기했어요. 당신도 알다시피 우리는 '이즘'과 관련되어 있죠. 우리는 인종차별주의, 성차별주의, 이성애우월주의에 대해 이야기했어요. 목사 중 한 명은 동성애가 죄라는 것을 모든 사람들이 알고 있기 때문에 우리가 이성애우월주의에 관해 이야기 해야 할지 확신할 수 없다고 말했어요. 모두 성직자였지만 그 말에 모두가 동의하는 것은 아니기 때문에 그것은 충격적이었어요. 그리고 성경이 동성애에 대해 무엇을 말했는지 또는 말하지 않았는지에 대해 많은 논의를 했어요. 우리의 워크숍은 이성애우월주의나 동성애혐오에 대한 것이 아니었지만, 우연히 대화할 수 있는 기회가 많은 피정이었고, 많은 대화가 이 질문을 중심으로 진행되었어요. 그리고 나는 그 대화에 매우 관심이 있었어요. 왜냐하면 내 신앙을 기독교라고 생각했지만, 그 당시 성경을 읽는 데 많은 시간을 보내지 않았거든요. 그리고 성경이 이 질문에 대해 말하는 것과 아닌 것을 정확히 알지 못했어요. 하지만 흥미로운 점은 내가 그것에 대해 중요한 인식을 가지게 되었다는 거예요. 첫째, 이러한 작업은 매우 중요하고, 둘째, 이 질문에 대한 답을 확실히 아는 것이 매우 중요해졌다는 것을 깨닫게 되었죠. 어떤 면에서는 설명하기 어렵지만, 나는 그 질문에 집착하고 있었어요.

그래서 나는 집으로 돌아와 목사님과 그 이야기를 나누기로 약속했고, 대화하면서 비록 내가 명확하게 이해하지 못했지만, 목사님은 명확해졌고, 난 이 질문들에 대해 좀 더 깊이 생각해 보고 싶어졌어요. 목사님은 내가 이 질문에 왜 그렇게 열정적으로 답하려 하는지에 대해 강한 호기심을 느꼈고, 나에게 읽을 책 몇 가지를 주면서 격려해 주었어요. 나는 그에게 "저기, 저는 동성애가 죄인지 아닌지에 대한 목사님의 견해에는 관심이 없지만, 성경에서 그런 정보를 찾고 싶어요."라고 말했어요. 목사님은 로마서를 알려 주었고, 나는 그것들을 읽었어요. 그리고 그 책을 읽는 동안 나에게 던졌던 질문 몇 가지를 성경 안에서 발견하게 되었죠.

다시 돌아와서 말했죠. "이제 몇 가지 다른 의문이 생겼어요." 그리고 내

질문에 대해 대화를 나누는 동안 목사님은 내게 흔하지 않은 관심을 갖고 있다고 지적했어요. 그는 내가 정말로 특별한 부름을 받고 있는지에 대해 생각해 봐야 한다고 했죠. 그래서 목사님은 내가 독서하도록 격려했고, 나는 다시 돌아와서 더 많은 질문을 했어요. 뭐랄까 내가 말한 것이 일종의 독립적인 연구로 가능할 정도로 발전되었죠. 다시 말하지만, 인종차별에 대해 가르치는 것이 아니라 성경을 더 잘 이해하는 것과 관련되어 있고, 그리고 성경을 더 잘 이해하려는 나의 노력에 관한 것이에요. 성경에서 내가 놀란 것 중 하나는 사회정의에 관한 것이 상당히 많다는 거였어요. 그리고 그것은 매우 중요하고 흥미로웠어요. 왜냐하면 난 교회 속에서 자랐어요. 아시다시피, 평생 주일학교에 다녔고 시편을 수백 번 외웠어요. 하지만 성경에 그렇게 분명하게 쓰여 있는 사회정의의 의무를 제대로 이해하지 못했어요. 그것은 내게 매우 중요했으며, 독서하고 목사님과 대화를 나누는 과정에서 목사님이 근처의 하트퍼드 신학교(Hartford Seminary)에서 수업을 들어 보라고 제안을 했고, 나는 그렇게 했어요.

목사님의 제안에 따라 나는 그 가능성을 알아봤어요. 왜냐하면 이 시점에서 나는 그것이 매우 흥미롭다는 것을 알게 됐고, 해방 신학에 매우 관심이 있었기 때문이었죠. 어쨌든 목사님의 제안에 따라 나는 하트퍼드 신학교에서 제공하는 과목에 대한 더 많은 정보를 얻었고 궁극적으로는 석사 과정에 등록했어요. 제가 처음 받은 과정은 해방 신학이었고 정말 흥미로웠어요. 내가 읽은 많은 것들은 더 공정한 환경을 조성하려고 노력하는 신앙인으로서 우리의 의무에 관한 것이었어요. 내가 하는 일에 대한 헌신의 많은 부분이 내 신앙 전통과 그것에 대한 이해에 뿌리를 두고 있다고 정말 말하고 싶네요.

다니엘 타텀에게 종교는 사회정의에 대한 신념을 확고하게 해 주었지만, 그녀는 성적 취향과 특히 LGBTI 사람들이 포함될 때 일부 기독교인들이 사회정의의 모든 교리를 받아들이지 않으려 하는 이유에 대해 비판적인 질문을 제기하였다. 코펠만과 마찬가지로 다니엘 타텀은 워크숍에 참석한 사람 중 한 명이 그랬던 것처럼 선택적 기독교 혹은 이성애주의자에게만 확대된 기독교 기반 사회정의 원칙에 의문을 제기하였다. 성적 취향과 같이 사적인 것으로 간주되는 문제를 다루는 것에 대한 두려움은 교육자들이 교실에서 영성이라는 이슈를 탐색하지 않은 채 남겨 놓기로 선택하는 주요 이유 중 하나이다. 코홀릭(Coholic, 2003)은 다니엘 타텀이 이성애를 특권으로 삼으며 LGBTI 사람들을 죄인으로 여기는 사람과 우연히 만났던 것처럼, 교육자들이 다른 집단에 대한 특권을 정당화하기 위해 영성을 사용하는 학생들과 동료들을 두려워한다고 주장했다. 사회정의는 자신의 편견을 알고 그러한 환경이 어떻게 일부 사람들에게 사회적 불의를 영속시킬 수 있는지를 아는 것에서 시작된다. 그러므로 다니엘 타텀이 한 것처럼 교육자들은 "다양한 학생과 사람들에 직면했을 때 편견을 이해하기 위한 방편으로 영적 철학과 삶의 연관성"을 이해하기 위해 영성으로 들어가는 것이 중요하다고 하였다(Coholic. 2003, p. 206). 그녀는 사회정의 메시지로 가득 차 있다고 생각하는 책이 어떻게 누군가에게는 특권층에 독점적인 책으로 읽힐 수 있는지 그 맥락을 이해하기 위해 성경을 다시 읽었다. 다시 말해 그녀는 성경이 어떻게 동성애혐오의 씨앗을 뿌리는지를 찾고 있었다. 이것을 이해함으로써 그녀는 성경에 나타난 반복적이고 중요한 메시지를 지적할 수 있게 되었다. 성경은 성적 취향에 관계없이 모두를 포용하고 사회정의적이 되라고 한다.

또한 종교에 기반한 영성은 베일리가 사회정의 교육에 헌신하는 데 중요한 역할을 했다. 그녀는 기독교인이 아니었지만 어린 시절 예수 그리스도의 사회정의에 감탄했다고 보고하였다. 그녀는 예수 그리스도를 존경했다. 왜냐하면 신약 성서를 읽어보면 그리스도는 간통한 여성까지 포함하는 모든 사람을 위한 삶을 살았기 때문이다. 그리스도는 사람들을 심판하지 않았고 어떤 의미에서 베일리에게는 영웅이었다. 특히 사회의 주변부에 있는 사람들을 위한 사회정의 옹호자로서 예수 그리스도에 초점을 맞추면서 베일리에게는 동기가 생겼고 사회정의를 가르치는 "목적을 발견"하였다.

샤자한(Shahjahan, 2010)은 영성에 대한 연구에서 교육자들은 교육, 특히 사회정의 교육을 위해 영성이 로드맵과 목적으로 제공될 수 있는 방법을 명료화하는 것이 중요하다고 지적하고 있다. 일부 사회정의 교육자들이 종교를 마취 또는 마약으로 인식하지 않고 사회정의 달성을 위한 투쟁에서 영적인 기반으로 인식한다는 사실은 주목할 만하다. 자신을 더 높은 존재를 위한 종(servant)이라고 지각하면서 참여자 중 일부는 사회정의 교육을 자신의 의무 중 하나로 받아들였다. 참여자들 중 일부는 데스몬드 투투(Desmond Tutu)와 마틴 루터 킹 주니어(Martin Luther King Jr.)와 같은 사회정의 활동가들의 노선을 따르면서 종교를 사회정의를 위한 교육의 수단이자 이유로 사용한다.

1 교사교육을 위한 교훈

밀너(Milner)는 "사람에 대한 이해는 그들의 영성에 대해 알지 못하면 불완전하다"(1999, pp. xvii-xviii)고 주장했다. 영성이 사회정의 교육자들이 사회정의 교육을 지향하는 데 중요한 역할을 할 수 있다는 것을 이해하는 것은 교사 교육자에게 몇 가지 교훈을 준다. 연구(Bryant et al., 2003; Astin et al., 2011)에서는 대다수의 대학생들이 자신을 영적인 존재로 인식하며, 자신의 영성 발달을 믿고 있다고 지적하였다. 특히 사회정의 지향적인 내용과 교수법에 대해 학생들의 저항이 심할 때, 교육 실제에서 사회정의를 지향하도록 학생들을 준비시키기 위해 교육자들이 이러한 지식을 어떻게 활용할 수 있을까? 첫째, 대부분의 고등교육기관과 실제 공립학교에서 주장하는 교육·종교 분리론은 오류라는 것을 인정하는 것이 중요하다. 샤자한(2010)은 교육기관이 기독교 달력을 고수하면서 기독교의 헤게모니를 정상화한다는 것을 상기시켰다. 하루시마나, 이크페즈, 음데드와-소머즈(Harushimana, Ikpeze, & Mthethwa-Sommers, 2013)는『인종, 언어, 능력의 재접근(Reprocessing race, language, and ability)』이라는 저서에서 미국 학교는 최근에 유대교-기독교에 뿌리를 두지 않은 영성을 가진 이민자들이 종교에 기반을 둔 괴롭힘의 희생자가 되고 있다고 주장했다. 이것은 영성이 탐구되지 않은 채로 남아 있고, 기독교가 표현되지 않은 영적 규범으로 남을 때 어떤 일이 벌어지는지를 보여주는 대표적인 예이다. 종교에 기반을 둔 영성은 비록 인식되지 못할지라도 이미 학문과 공립학교의 일부분이 되었다. 그러므로 모든 형태의 영성을 명백하게 인식하여 기독교가 다른 형태의 영성에 대해 특권을 갖지 않도록 하는 것이 중요하다. 그러나 종교적 영성과 비종교적 영성의 형태를 인정하는 것은 본질적으로 사회정의 교육이 지향하는 바가 아니라는 점에 유의해야 한다. 일부 대학과 학교는 종교나 비종교적인 다양한 형태의 영성이 공존하며, 모든 사람의 신념 체계에 대한 타당성을 수용하는 것으로 정의되는 포괄적 다원주의의 개념을 받아들인다(Shahjahan, 2010). 포괄적 다원주의는 우리가 종교에 근거한 특권과 지배와는 상관없는 세계에 살고 있다는 가정에 근거한다. 사회정의 교육에 부합하는 영성은 지역 및 전 세계적인 지배와 억압에서 종교 혹은 비종교 기반 영성의 위치를 강조하면서 학생과 교사가 영성의 역할을 탐색할 수 있게 한다. 예를 들어, 학생들은 20명의 학살로 마무리된 1692년 세일럼 마녀 재판(Salem witch trial)[26]에서 성별과 교차하는 영성의 역할을 탐색할 수 있다. 이것은 영성에 기반을 둔 지배와 소외의 예이다. 또 다른 예는 기독교가 일본 문제에 악의적 영향을 미치는 것으로 여겨졌기 때문에 수천 명의 기독교인들이 살해된 17세기 일본에서 일어난 기독교인들에 대한 학살과 박해를 조사할 수 있다(Bartlett, 2008). 보다 현대적인 예로 종교에 기반한 영성은 미국이 이라크, 아프가니스탄에 대해 선포를 하고 치른 전쟁과 예멘 및 기타 국가에 대해 선포하지 않고 치른 무인 항공기를 통한 전쟁에 어떤 역할을 했는지를 검토하는 것이다.

종교는 사람들의 지배와 소외에 어떤 역할을 하는가? 종교는 사회정의를 강화하는 데 어떤 역할을 하는가? 종교와 영성에 대해 질문할 때 이와 같은 질문은 비판적이면서 사회정의 교육과 일치하는 더 깊고 의미 있는 토론으로 이끌 수 있다.

또한 교육자들이 사회정의 교육을 강화하는 데 있어서 영성의 역할을 공개적으로 논의함으로써 학생들의 영성을 이용하는 것은 매우 중요하다. 사회정의 교육자들의 영적 여정에 대한 내러티브는 영성이 어떻게 사회정의의 기초가 될 수 있는지를 토론하도록 하는 출발점이 된다. 많은 교육자들, 특히 유색인 교육자들은 우리에게 그들이 가르치는 학급에서 사회정의 문제를 교육할 때 마주친 저항에 대해 보고하였다(Ladson-Billings, 1995; Mthethwa-Sommers, 2012). 이 교육자들은 학생들이 사회정의의 문제를 제로섬 게임으로 인식하여 저항하게 된다고 주장했다. 저항은 억압과 지배의 문제를 "그게 나와 무슨 상관이지?"라는 입장으로 바라보는 데서 비롯된다. 학생들이 "그게 나와 무슨 상관이지?"라는 태도를 취하면, 단지 개인으

26   1692년 미국 매사추세츠주 세일럼에서 행해진 마녀 재판사건으로, 세일럼의 목사 파리스의 노예 티츠바가 하는 신들린 소리를 듣고 있던 젊은 여성들이 땅에 엎드려 이상한 행동을 한 데서 발단하였다.

로서의 자신이 아니라 모두를 위한 무언가가 있을 때, 저항이 높아진다. 많은 교육자들은 영성을 이용하면 학생들이 사회정의 추진력을 받아들일 가능성이 더 높다는 것을 발견하였다. 사회정의 교육자들의 내러티브, 티스델(Tisdell, 2006) 및 리와 바렛(2007)의 연구는 영성과 사회정의 추진력 사이에 정적 관계가 있다는 것을 보여주었다. 다시 말해 영성은 교실에서 사회정의를 지향하여 행동하기 위한 나침반과 닻의 역할을 할 수 있다.

가장 중요한 것은 사회정의 교육자들이 종교로서 기독교의 모순된 메시지를 논의했다는 것이다. 한편으로 기독교는 사회정의 교육자가 되도록 동기를 부여했으며, 다른 한편으로는 기독교 자체가 사회적 불의의 근원이 되는 '이즘'들의 지배로부터 자유롭지 않다는 것을 그들에게 보여주었다. 칸트로비츠(Kantrowitz)는 『미국의 유대인들: 백인특권을 누리기 위한 비용 상승(*Jews in the U.S.: The rising cost of Whiteness*)』에서 미국의 기독교는 "표시될 필요가 있음에도 불구하고 표시되지 않은 범주로 남아 있다. 주류, 지배문화로서 기독교인이 되는 것은 유대인이 되는 것 이상으로 더 이상 종교적 관행이나 신념에 대한 것이 아니다."라고 주장했다(2010, p. 294). 그것은 또한 백인 엘리트, 이성애자, 남성 우월주의의 신화를 떠받치는 문화에 관한 것이다.

이 장에서는 더 높은 존재의 실존에 대한 종교적, 비종교적 신념을 포함하는 영성의 정의를 기술했다. 여기서 일부 사회정의 교육자들은 영성이 사회정의를 교육하도록 만든 중요한 요인 중 하나였다고 지적했다. 영성에 관한 내러티브에서 기독교가 사회정의의 모델임과 동시에 소외된 집단에 대한 차별이 만연한 종교로 기능한다는 점을 지적한다. 이것은 일반적으로 종교와 영성이 사회적 힘에 영향을 받는다는 점을 강조한다. 그리고 영성은 많은 사람들의 삶에 두드러진 영향을 미치므로 영성을 검증하는 것은 중요하다.

1 이 장에서 제시한 영성의 정의를 사용하면, 당신의 영성은 어디에 속하는가? 당신의 의견을 설명하시오.

2 당신이 아는 모든 종교와 비종교, 그리고 그들 각각의 신에 대해 열거하시오. 상대방과 목록을 공유하시오.

3 당신은 영성이 사람들을 사회정의 교육으로 이끄는 수단이 될 수 있다고 생각하는가? 그 이유는 무엇인가? 그렇지 않은 이유는 무엇인가?

4 기독교가 미국 교실의 기본 종교라고 믿는 학자들에 동의하는가? 당신의 의견을 설명하시오.

5 영성은 과거의 당신 행동에 어떤 영향을 미쳤는가? 영성이 교실에서의 당신 행동에 어떤 영향을 줄 수 있다고 생각하는가?

참고문헌

Astin, A.W., Astin, H.S., & Lindholm, J.A. (2011). *Cultivating the spirit: How college can enhance students' inner lives.* San Francisco, CA: Jossey-Bass.

Bartlett, D. (2008, November 8). Japan Christians marking martyrs. *BBC News.* Retrieved from http://news.bbc.co.uk/2/hi/7745307.stm.

Bryant, A.N., Choi, J.Y., & Yasuno, M. (2003). Understanding the religious and spiritual dimensions of students' lives in the first year of college. *Journal of College Student Development, 44*(6), 723-745.

Coholic, D. (2003). Student and educator viewpoints on incorporating spirituality in social work pedagogy: An overview and discussion of research findings. *Currents: New Scholarship in the Human Services, 2*(2).

Harushimana, I., Ikpeze, C., & Mthethwa-Sommers, S. (Eds.). (2013). *Reprocessing race, language, and ability: African-born educators and students in transnational America*. New York: Peter Lang.

Kantrowitz, M. (2010). Jews in the U.S.: The rising cost of whiteness. *Women's Lives: Multicultural Perspectives, 5*.

Ladson-Billings, G. (1995). But that's just good teaching: The case for culturally relevant pedagogy. *Theory into Practice, 34*, 4.

Lee, E.K., & Barrett, C. (2007). Integrating spirituality, faith, and social justice in social work practice and education: A pilot study. *Journal of Religion & Spirituality in Social Work: Social Thought, 26*(2), 1-21.

Marzilli, A. (2004). *Religion in public school*. Philadelphia, PA: Chelsea House.

Milner, H.R. (Ed.). (1999). *Culture, curriculum, and identity in education*. New York, NY: Palgrave MacMillan.

Mthethwa-Sommers, S. (2012). Déjà vu: Dynamism of racism in policies and practices aimed at alleviating discrimination. In C. Clark, K. Fasching Varner & M. Brimhall-Vargas (Eds.), *Occupying the academy: Just how important is diversity work in higher education*. New York, NY: Rowman & Littlefield.

Powell, J.A. (2003). Lessons from suffering: How social justice informs spirituality. *University of St. Thomas Law Journal, 1*(1), 102-127.

Shahjahan, R.A. (2010). Toward a spiritual praxis: The role of spirituality among faculty of color teaching for social justice. *The Review of Higher Education, 33*(4), 473-512.

Tisdell, E. (2006). Spirituality, culture identity, and epistemology in culturally responsive teaching in higher education. *Multicultural Perspectives, 8*(3), 19-25.

Tyack, D. (2007). *Seeking common ground: Public schools in a diverse society.* Cambridge: Harvard University Press.

Wallace, B. (2000). A call for change in multicultural training at graduate schools of education: Educating to end oppression and for social justice. *Teachers College Record, 102*(6), 1086-1111.

9장

관점의 유동성

이 장은 사회정의 교육자의 주관적 관점과 발전과정을 탐색한다. 또한 사회정의 교육자가 태어날 때부터 사회정의 교육을 지향한 것은 아니었음을 알려준다. 그러나 개인적, 전문적 경험과 사회적, 세계적 사건들이 전반적인 특히 교육에서의 사회적 불평등에 대한 그들의 인식을 이끌었다. 내러티브에서 사회정의 교육자들은 의식이 고양되면서 사회참여를 위한 하나의 방법으로 사회정의 교육을 위해 가르치고 교육하려는 의도적인 노력을 하게 했다는 점을 밝힌다. 이 장의 끝에 제시된 성찰질문들은 독자들을 가능성 있는 변화의 주체라고 생각하고 그들이 의지를 갖고 사회정의 교육을 지향하여 행동하도록 초대한다.

핵심 용어

유동성, 경험의 유동성, 관점의 유동성, 의식화, 수적인 주류, 수적인 비주류

사회정의 교육자들이 사회정의적 자질을 천성적으로 소유하고 있는 것은 아니다. 그들은 사회의 다른 사람들과 똑같으며, 그들의 주관성은 다면적이고 유동적이다. 관점의 변화는 유동성을 보여준다. 유동성은 드러난 증거에 기반하여 개인의 관점을 수정하는 것이며, 타인 및 세계와 상호작용한다. 유동성은 인종, 젠더, 국적, 성적 지향, 사회계층, 그리고 종교에 기반하여 사회적으로 구성된 경계를 확장하고, 흐리게 하며, 때로는 지운다. 유동성은 많은 이슈에 대한 우리의 입장을 다시 생각하고, 개선하고, 재고하도록 해 준다.

　　또한 관점의 유동성은 사회정의 교육자가 끊임없이 만들어지는 중이며, 완성된 정적 상태가 아니라는 것을 나타낸다(Thayer-Bacon, 2013). 심지어 어떤 사람들은 사회정의의 개념은 역동성과 미완성을 의미하기 때문에 누군가를 사회정의 교육자라고 부르는 것은 정적인 정체성과 완성의 상태를 의미하는 것이므로 사회정의의 개념에 상반되는 것이라고 주장하기도 한다. 2, 3, 4장에서 나온 내러티브들을 고려하면, 사회정의 교육자들은 인종차별주의, 성차별주의, 계층차별주의, 그리고 이성애우월주의가 있는 사회에서 성장하였다. 다른 사람들처럼 그들도 만연한 인종차별, 성차별, 계층차별, 장애인차별 그리고 이성애우월적 메시지들을 학습하였고, 그러한 구조적 불평등을 자연스럽게 받아들였다. 예를 들어 포한은 "다른 이들, 특히 아프리카계 미국인이나 라틴계 미국인에 대하여 많은 가정과 신념을" 지니고 있었다고 보고하였다. 그녀가 "그런 부정확한 가정과 오해들을 벗겨내고" 특정 집단에 대한 주변화가 어떻게 체계화되는지를 보기 시작한 것은 로스앤젤레스에 있는 초등학교에서 가르친 후부터였다. 포한이 로스앤젤레스의 초등학교에서 가르치면서 경험한 세상과의 상호작용이 그녀가 아프리카계와 라틴계 미국인들을 다시 생각하도록 만들었다. 세상과 상호작용하면서 얻은 증거로 인해 그녀의 관점은 변화하였다. 안드르제쥬스키와 마찬가지로 포한은 대학에 있을 때, 자신이 인종차별주의 이데올로기에 빠져있었으며, 성차별주의와 이성애우월주의 이데올로기를 내면화하고 있었다는 것을 발견하였다. 그녀는 다음과 같이 보고하였다.

> 음, 처음에 사람들은 "와우! 인종차별, 매우 흥미로운데요."라고 시작하죠. 그리고 그것을 보고 조금씩 공부하기 시작해요. "와우! 성차별, 그건 정말 흥미로운데요. 전쟁과 같은 것들도 역시 흥미로워요."라고 하죠. 그리고 갑자기 나는 "잠깐만 기다려주세요. 여기 몇 가지 근본적인 주제들이 있어요."라고 말하기 시작했죠. 나는 이런 것들을 보기 시작했어요. 나는 즉시 내가 받은 모든 교육이 잘못된 정보로 채워져 있다는 것을 알았어요.

그녀가 학교에서 배웠던 것과 다른 정보를 읽고 이해하게 되자 세상과의 상호작용은 그녀의 주관성에 유동성을 부여하기 시작했다. 자신이 교육을 잘못 받았다는 것을 깨닫고 그녀는 스스로를 재교육하기 위해 책읽기에 몰두하였다.

인종차별에 대한 다니엘 타텀의 경험 또한 이러한 관점의 유동성을 보여주었다. 어린 시절 살았던 도시에서 그녀는 인종 간 긴장을 목격하거나 인종차별을 경험하지 않았다. 그러나 성인이 되었을 때, 자신의 경험을 되돌아보고 재검토할 수 있었고, 그곳에 항상 인종차별이 있었다는 것을 깨달았다. 그녀는 그것을 알아차리지 못했던 것이었다.

> 고등학생 때 우리 지역 하원의원 선거구의 대표가 되어 워싱턴에서 열린 회의에 참석할 기회를 가졌어요. 그것은 젊은 미국인을 위한 대통령직 탐구(Presidential Quest for Young Americans)라고 부르는 전국 고등학

생 모임이었고, 각 하원선거구에서 두 명의 대표를 보냈어요. 나는 우리 학교 구역의 대표들 중 한명으로 참석했고 전국에서 온 모든 젊은이들을 만났어요. 남부에서 온 몇 명의 흑인 학생들과 대화를 했는데 그들은 나에게 우리 지역사회에서의 인종차별에 대해 물었어요. 나는 인종차별이 없다고 말했던 것으로 기억나요. 보스턴은 인종차별 지역이었어요. 모든 사람들이 그걸 알고 있었지만, 내가 살던 동네에서는 인종차별이 이슈가 되지 않았어요. 나는 그것이 그 시절의 내 경험이었다고 확신해요. 하지만 성인이 된 지금 돌이켜보면, 내가 살던 도시에는 물론 인종차별이 있었어요. 내가 그것을 보지 못했던 것이죠. 나는 욕하는 것같은 직접적인 방식으로 인종차별을 경험하지는 않았어요. 빈민가에 사는 것이 어떤 것인지에 대하여 묻는 사람 말고는 교실에서 나를 지목하는 사람은 없었어요. 내가 도회지나 빈민지역에서 살아본 경험은 없었는데도, 그 사람은 내가 흑인이었기 때문에 내게 물었던 것이 확실해요. 내가 단순한 편이었다고 생각해요.

대학시절에 다니엘 타텀은 열광적으로 독서를 했고, 억압의 이슈에 대한 의식을 키워준 흑인과 라틴계 동료들과 함께했다. 유색인의 경험에 대한 책을 읽고 동료들과 상호작용하면서 그녀의 관점과 인종 이슈를 이해하는 방식이 바뀌었다. 인종과 관련된 다니엘 타텀의 경험에서 가장 특징적인 것은 이 사회에 사는 유색인이라면 인종 간 역동과 인종적 억압이 무엇인지에 대해 타고난 이해력을 지니고 있을 것이라는 가정이다. 다니엘 타텀의 이야기는 이러한 가정을 부인하고, 억압받는 위치에 있는 사람들이 선척적으로 억압을 이해할 수 있는 것이 아니라는 점을 지적한다. 관점의 유동성이 가능하게 하기 위해서는 세상과 상호작용할 수 있는 기회를 갖는 것이 중요하다.

니에토는 자신이 점진적으로 사회정의 교육에 참여하게 되었다고 보고하였다. 연구자가 니에토에게 어떻게 사회정의 옹호자가 되었느냐고 물었을 때 그녀는 "내 생각에는 교육에 의해서 조금씩 눈이 열리기 시작했고, 전에는 보지 못하던 것을 보기 시작했죠."라고 하였다. 다시 말해서, 교육을 통한 세상과의 상호작용이 결과적으로 그녀의 관점을 전환시켰다. 더욱이 그녀 부모의 모국인 푸에르토리코를 식민 통치했던 스페인에서의 경험은 그녀에게 인종적 배경을 확인시켜 주었다. 니에토가 인종과 국적에 대한 긍지를 가지고 성장하지 않았다. 실제로 그녀는 때때로 부모의 이국적 억양과 영어를 말하는 방식을 부끄러워했기 때문에, 부모들이 선생님과 면담하러 학교에 오지 않기를 기도하곤 했다고 하였다. 그 당황스러움은 부모의 이국적인 어투에 대한 그녀의 반감보다는 편협한 학교 환경의 맥락 때문이며, 또한 국적에 대한 그녀의 자부심과 수용이 부족했기 때문이기도 하다.

> 내가 스페인에 있을 때 뭔가가 일어났어요. 파시스트 정권인 프랑코 정권에 시달리고 있을 때였어요. 그러나 너무나 역설적이게도 내가 푸에르토리코 사람이 된 곳은 그곳이었어요. 그곳에서 사람들이 나를 푸에르토리코 사람으로 보았고, 내가 그들의 언어를 말할 수 있다는 사실을 높이 평가했어요.

그녀가 국적과 인종적 배경에 대한 관점의 유동성을 가지게 된 것은 세상과의 상호작용 때문이었다. 그녀는 푸에르토리코인이 된 것, 스페인에 있을 때 그것이 확인된 것이 자랑스러웠다고 하였다. 니에토와 달리, 오오카팡의 의식은 흑인학생 가정을 방문했을 때 길러졌다. 그녀는 흑인 학생의 집이 지저분하고, 앞마당에 큰 차가 주차되어 있을 것이라고 예상했었다. 학생의 집에 대한 가정은 그녀가 편견을 가지고 있음을 깨닫게 해 주었고, 자신의 편견이 학생의 학업적 성공을 어떻게 촉진하는지 또는 좌절시키는지에 대하여 성찰하기 시작했다. 역시 아프리카계 미국인에 대한 그녀의 관점을 변화시킨 것은 학생 세상과의 상호작용이었다.

　　관점의 유동성은 쿠마시로의 이야기에서 가장 명확하게 나타난다. 쿠마시로는 열여덟 살 때까지 하와이에서 인종적으로 수적 주류민의 구성원으로 살았다. 미국의 다른 지역으로 이사했을 때 그는 인종적으로 수적 소수민 집단에 속해있음을 발견하였고, 집단 구성원이 되는 것과 관련된 이슈들에 직면하였다. 하와이에서 경험한 수적 주류민의 구성원이 되는 것과 미국의 다른 주에서 경험한 수적 소수민이 되는 것과의 상호작용은 수적 주류민에 속하는 것이 얼마나 그에게 심리적 은신처와 안락함을 주는지를 생각하게 하였다. 하와이에서 그는 많은 사람들 중 한 사람이었고 그 집단의 대표로서 활동할 필요가 없었다. "그래서 내가 실제로 그랬기 때문에, 주류민의 일부처럼 느끼면서 자랐어요. 아시아계 미국인이 초등학교, 중고등학교에서 훨씬 많았어요."

　　교사교육에서 소수민 또는 주류민 학생이라는 용어를 사용하는 것은 소수민은 특권을 빼앗기고, 주류민은 특권을 부여받는다는 의미를 지속시킨다. 소수민과 주류민이라는 용어를 사용하여 힘의 이슈를 숨기고자 하는 것은 문제가 될 수 있다. 쿠마시로는 학교에서 수적인 주류민이 됨으로써 심리적 쉼터를 가질 수 있었지만, 수적 다수가 권력으로부터 분리될 수 있음을 깨달았다. 그는 "나는 모든 사람이 비슷한 것같이 느꼈어요. 하지만 주위에서 보는 사람과 학교에서 배우거나 텔레비전에서 보는 사람 사이에 괴리가 있었어요. 실제 미국인들은 나와 같지 않은 사람들이었고, 나는 그런 의미에서 다르게 느꼈어요."라고 말했다. '다르다'는 느낌은 그가 본토로 옮겼을 때 계속되었다. 그는 세상이 인종적 정체성에 근거하여 자신을

"보고 읽는다는 것"을 발견하였다. 수적 주류민에서 수적 소수민으로 바뀐 인종에 대한 관점의 유동성은 그에게 수(數)라는 맥락이 어떻게 권력과 연결되어 인종적 지배와 피지배의 이슈를 나타내는지 이해하게 해주었다.

쿠마시로의 성적 취향(sexuality)도 관점의 유동성을 제공하였다. 그는 하와이에서 이성애 남성으로 살았고, 성적으로 주류민이었다. 하와이에서 이사 나와서 자신을 '퀴어'로 정체화하기 시작하면서 그는 주변화된 위치에 놓이게 되었다. 수적 주류집단의 구성원에서 소수집단의 구성원이 되었던 관점의 변화는 그에게 세상을 다른 관점으로 바라보고 상호작용할 수 있는 기회를 주었다. 그래서 억압의 이슈를 권력과 관련된 수(數)에 근거하여 보는 이해력이 높아졌다. 쿠마시로와 유사하게, 베일리의 관점의 유동성은 과거 7년 동안 이성애자로 살았고, 남자와 결혼했으며, 이제는 레즈비언으로서의 정체성을 가지게 되었다는 점에서 드러났다. 이성애 여성에서 레즈비언 여성으로의 관점의 전환은 그녀에게 다른 관점으로 세상을 바라보고 이해하며 사회정의를 옹호하는 기회를 주었다.

아킬라, 코펠만, 그리고 니에토처럼 '가난한 노동계층'에서 성장한 사회정의 교육자들은 사회계층에 있어서 관점의 유동성을 경험하였다. 세상과의 상호작용으로 관점이 변화하면서 그들은 사회계층에 근거한 억압을 구체적으로 이해하게 되었고, 세상이 얼마나 특히 교육에서 높은 사회계층의 사람을 좋아하고 특권을 부여하는지를 알게 되었다. 가난한 노동계층에 속해 있을 때보다 중산층에 속했을 때 세상은 그들을 더 호의적으로 이해하고 봐 주었다. 세상과의 이러한 상호작용은 사회계층에 기반을 둔 정치에 대한 이해력을 심화시켰고, 사회계층적 억압에 대한 이해도를 높여주었다. 4장에도 나타났듯이, 오오카 팡의 관점의 유동성은 인생 초기에 세상과 상호작용하면서 나타났다. 다음의 이야기는 사회계층 및 권력에 대한 그녀의 관점의 전환과 이해도를 보여준다.

학교에서, 특히 고등학교에서 인기를 얻는 것은 계층과 인종으로 인한 것이었어요. 수제트라는 9학년 때 여자애가 기억나는 게 재미있네요. 그 애는 지금 중등학교 교사예요. 그 당시에 수제트는 엘렌스버그(Ellensburg)에 있는 유복한 가정 출신이었고, 그 애가 내게 다가왔던 기억이 나요. 가정경제학 수업에서였죠. 내가 나이가 좀 있어요. 옛날에는 가정경제학을 들어야 했거든요. 우리는 그 수업에서 퍼즐을 재봉해야 했어요. 그때 그 애가 와서 나를 놀렸던 기억이 나요. 그 애는 내가 가진 줄자를 보고 그것을 잡아당겼어요. 내 것은 플라스틱으로 된 것이었는데, 그 애가 그것을 잡아당겨서 두 동강을 냈어요. 그리고는 웃기만 했어요. 난 집에 가서 엄마에게 말했어요. 엄마는 돈이 없다고 했고요. 우리는 돈이 없었기 때문에 새것을 살 수 없었어요. 그래서 그 시절에도 학급에서 차이가 있었던 것을 기억해요. 엄마는 내게 옷을 만들어 주셨는데 요새로 치면 99센트 가게인 스프라우즈 리츠(Sprouse Ritz)라고 부르는 가게에서 천을 샀어요. 월마트(Walmart)보다도 못하고, 울워스(Woolworth)랑 더 비슷한 곳이에요. 그래서 나는 계층 차이를 기억하고 있어요.

그녀보다 부유했던 반 친구들과의 상호작용은 사회계층이 중요하다는 것을 깨닫게 해 주었다. 그 깨달음은 사회계층적 신분이 변화하면서 시작된 사회계층 권력의 역동에 대한 것이었으며, 고등학교에서의 경험을 이해하게 해 준 것은 자본주의에 대한 독서 때문이었다.

사회정의 교육자들의 관점 변화는 거시 경제, 사회정치적 구조, 그리고 특권과 종속의 관련성에 대하여 점진적으로 인식하게끔 해 주었다. 관점의 유동성은 그들에게 "사회, 특히 권력관계가 합법적이라고 주장하는데 숨겨진 가정들을 드러내 주었고, 권위에 대한 그들의 주장을 밝히고 해체시켜 주었다"(DeMarris & LeCompte, 1995, p. 25). 사회정의 교육자들은 우리가 상황을 보는 방식을 뒷받침하는 맥라렌(McLaren, 1995)이 말한 소위 비대칭적 권력 관계를 인식하면서 상황이 다르게 보이기 시작했다고 보고하였다.

사회정의 교육자들의 내러티브에서 드러났듯이, 관점의 유동성은 1장에서 논의했던 경험의 유동성과 의식화 또는 의식의 고양의 결과였다. 의식의 고양이 없는 경험의 유동성만으로는 억압과 지배의 이슈에 대한 인식을 장담할 수 없다. 우리는 관점의 유동성을 가져오지 않는 경험의 유동성을 가질 수도 있다. 예를 들어 작은 도시에 사는 백인 청교도 이성애 여성이 백인 주류의 작은 도시에서 이사하여 유색인과 LGBTI와 교류할 수 있는 대학에 들어가면서 관점의 유동성을 경험할 수도 있다. 이러한 새로운 경험을 통해 그녀는 경험의 유동성을 갖게 된다. 그러나 만약 그러한 경험이 의식화 또는 비판적 의식과 결합되지 않는다면, 그녀의 주류문화에 대한 신념은 '다른 것'에 영향을 받지 않고 그대로 유지되고 방해받지 않는다.

사회정의 교육 의식화에 참여하는 것 또는 레이스티나(Leistyna, 1999)가 '정신차림(presence of mind)'이라고 불렀던 것은 사회정의 교육자들에게 점차적으로 일어났고, 타인에 대한 다양한 경험들이 합쳐진 결과였다. 그러나 정신차림만으로는 충분하지 않다. 사회정의 교육자들의 관점의 유동성은 억압과 지배에 대한 이해를 심화시켜 주었고, 그들이 사회정의를 위해 사회정의 교육에 합류하도록 해 주었다.

이 연구에 참여한 사회정의 교육자들은 태어날 때부터 사회정의 교육자였던 것은 아니었다. 전술했듯이 그들은 인종차별, 성차별, 그리고 계층차별 사회에서 양육되었다. 그러나 그들은 그러한 사회적 부당함이라는 강한 물살을 거스르며 계속 헤엄쳤다. 그들은 사회에서 만연한 이즘들로부터 완전히 자유로운 성자가 아니었고 지금도 아니라는 것을 밝히는 것이 중요하다. 관점의 유동성을 계속 경험하면서, 사회정의 교육을 위한 그들의 탐구심도 성장하였다. 예를 들어, 많은 참여자들은 아직도 내면화된 성차별주의의 잔재를 지니고 있었다. "부모님의 직업이 무엇이었지요?"라는 질문을 받았을 때 모든 참여자들은 아버지의 직업을 먼저 대답하였다. 아퀼라만이 예외적이었다. 어머니의 직업보다 아버지의 직업을 이야기하는 데 더 많은 시간을 사용하는 것은 여성의 직업을 평가절하하고 여성보다 남성에게 특권을 부여하는 것으로 해석될 수 있다. 이는 사회정의 교육자들이 아직도 강력한 헤게모니의 물살에 맞서서 투쟁하며 헤엄치고 있다는 것을 보여준다. 사회정의 교육자가 되는 것은 반드시 이즘으로부터 자유롭다는 걸 의미하지 않으며, 사회정의 교육자가 되었다고 해서 그걸로 끝나는 것도 아니다. 사회정의 교육자는 점점 발전하고 있으며 그것은 계속되는 과정이다.

1 교사교육을 위한 교훈

이 장은 교사교육에 중요한 세 가지 교훈을 준다. 첫 번째 교훈은 학생들에게 다양한 경험과 독서 기회를 주어야 한다는 것이다. 훅스(1989)는 대부분의 학생들이 스스로를 억압의 대상이었다고 지각하지는 않으며, 대신에 "그들은 억압자가 되는 방법, 지배하는 방법, 최소한 타인의 지배를 수동적으로 받아들이는 방법을 배우고 있다(p. 102)"고 지적하였다. 문헌에서는 예비교사와 현직 교사들이 대개 근심 없는 배경 출신이며, 인종, 계층, 젠더와 이성애우월주의에 대한 비판적 이해가 부족하다고 보고한다(Grollnick & Chin, 1998; Sleeter, 2001). 슬리터(Sleeter, 2001)는 다른 학자들의 말을 인용하여 "예비 교사들은 꽤 순진하고 도시빈민지역 아이들이 교육을 방해하는 태도를 지니고 있다고 믿는 등의 정형화된 신념을 지니고 있다"고 기술하였다(p. 95). 학생들에게 다른 세상과 교류할 기회를 주는 것은 의식을 제고하는 데 효과적인 한편, 사회정의 교육의 중요한 측면이기도 하다. 봉사 학습이나 지역사회 참여 기회를 제공하는 것은 학생들의 경험을 다양하게 하는 방법일 수 있다. 그러나 경험의 유동성은 비판적 의식의 고양과 함께해야 함을 명심해야 한다. 교사교육에서 일어나는 실수 중 하나는 의식화에 주목하지 않은 채 경험의 유동성만을 제공하는 것이다. 학생들이 지역사회 봉사나 봉사학습에 참여하거나 또는 경험의 유동성을 경험하더라도, '타인'에 대한 고정관념을 강화시킨 채 마칠 수도 있다. 수업에서 고정관념에 도전하고 억압과 지배의 거시체계에 대해 토론하지 않으면 관점은 변하지 않을 수 있다. 학생들이 경험의 유동성은 경험하지만 관점의 유동성은 경험하지 못할 수도 있다.

이 장에서 얻을 수 있는 두 번째 교훈으로 관점의 유동성은 항상 사회정의 교육자들이 많은 이슈에 대하여 비판적으로 이해하는 것은 아님을 암시한다는 점이다. 이 연구의 많은 교육자들도 종종 예비교사와 현직 교사들이 지닌 고정관념을 가지고 있었음을 보여주었다. 그러나 의식화를 동반하는 경험의 유동성은 사회정의 교육자들이 관점의 유동성을 경험할 수 있도록 해 주었다. 교사교육에 대한 비판적 교훈은 비록 예비교사와 현직 교사들이 현재 역사적으로 주변화된 집단의 구성원들에 대해 고정관념을 가지고 있을 수 있지만, 그들에게 "가능성이 있다"는 것이다(Swadner & Lubeck, 1995). 어떤 의미에서 이 연구는 교사교육자들에게 교육을 통해 관점의 유동성을 이끌어낼 수 있다는 희망을 가지라고 손짓한다.

베일리와 쿠마시로의 이야기로부터 얻은 관점의 유동성에 대한 세 번째 교훈은 수적 다수 또는 수적 소수가 자동적으로 항상 힘을 갖는다는 의미는 아니라는 것이다. 예를 들어, 이성애 여성에서 레즈비언 여성으로 바뀐 관점의 유동성은 베일리에게 수적 소수와 다수에 대한 이슈들을 밝혀주었을 뿐 아니라 수적으로 젠더 소수민과 주류민에 대한 이슈를 구체화해

주었다. 성적 취향과 관련하여 그녀는 권력을 동반한 수적 우세는 지배를 동반하지만, 권력을 동반하지 않는 수적 우세는 종속을 의미한다는 것을 알게 되었다. 다시 말해서 여성이 주류인 경우, 그 수가 반드시 힘을 가진 지위에 있음을 의미하지는 않는다. 그러나 쿠마시로의 이야기에서 밝혀진 것처럼 수적 다수집단이 권력을 가지고 있기 때문에 지배하는 위치에 있을 때도 있다. 미국에서 여성은 다수이지만 지배집단에 속하지는 않는다. 남아프리카의 인종차별 정책에서 수적 다수는 흑인 아프리카인이었지만 권력을 가진 소수 집단에 의해 주변화되었다. 그러므로 관점의 유동성에 대한 베일리와 쿠마시로의 이야기는, 사회정의 교육의 맥락에서 권력의 역동에 대한 토론이 없으면 '수적 소수와 수적 다수'라는 용어는 의미가 없다는 것을 이해하는 데 도움이 된다.

1 관점의 유동성과 경험의 유동성에는 차이가 있다. 당신이 경험한 각각의 예를 들어보자.

2 모든 과목에서 의식화의 개념이 중요한가? 이 개념이 수학이나 지질학과는 관련이 없다고 말하는 사람에게 당신은 어떻게 대답하겠는가?

3 동료들 간의 관점의 유동성을 촉진하는 또 다른 방법은 무엇인가?

4 관점의 유동성은 위치성의 개념과 어떤 차이가 있는가?

5 관점의 유동성을 확보하고 사회정의 교육자가 되기 위해 당신은 어떤 활동을 할 수 있는가?

참고문헌

DeMarrias, K.B., & LeCompte, M.D. (1995). *The way schools work: A sociological analysis of education* (2nd ed.). White Plains, NY: Longman.

Gollnick, D.M., & Chinn, P.C. (1998). *Multicultural education in a pluralistic society.* Michigan: Merrill.

Hooks, B. (1989). *Talking back: Thinking feminist, thinking black.* Toronto, ON: Between the Lines.

Leistyana, P. (1999). *Presence of mind: Education and the politics of deception.* Boulder, CO: Westview Press.

McLaren, P. (1995). *Critical pedagogy and predatory culture: Oppositional politics in a postmodern age.* New York: Routledge.

Sleeter, C.E. (2001). Preparing teachers for culturally diverse schools: Research and the presence whiteness. *Journal of Teacher Education, 52*(2), 94-106.

Swadener, B., & Lubeck, S. (Eds.). (1995). *Children and families at promise: Deconstructing discourse of risk*. Albany: State University of New York Press.

Thayer-Bacon, B. (2013). *Democracies always in the making: Historical and current philosophical issues for education*. Lanham, MD: Rowman & Littlefield Education.

10장

확고한 입장 유지하기와
사회정의 교육으로의 초대

개요

이 장에서는 예비교사와 현직교사, 그리고 교육자들이 사회정의 교육을 위해 깨어 있어야 한다고 촉구한다. 교육의 원래 목적이 민주주의를 지키고 사회정의를 획득하는 것임을 상기시킨다. 사회정의 교육자의 내러티브는 교사와 교육자들이 자본주의로부터 독립적인 민주주의의 아젠다를 추진하기 위해 중요한 역할을 해야 한다는 것을 보여준다. 이 장은 모든 사람을 지지하는 학교와 더불어 더 좋은 세상을 상상하라고 교육자들을 초대하면서 마친다.

핵심 용어

민주주의, 확장된 돌봄, 교육의 목적, 사회정의 교육, 연대감정의사회를 향한 확고한 입장을 유지하게 하는 것이 무엇인가에 대한 이 연구는 사회정의 교육자들의 생애사와 내러티브에 대한 깊은 이해, 그들의 교육에 대한 헌신과 사회정의 교육에 대한 저술들을 기반으로 하였다. 아홉 개 장에서 열한 명의 탁월한 사회정의 교육자들에게 미친 인간적, 전문적 영향들을 살펴보았고, 이러한 영향들이 어떻게 그들을 사회정의 교육으로 이끌었는지를 보여주었다. 사회정의 교육자들의 내러티브는 교사교육자, 예비 교사, 그리고 교사들에게 사회정의 교육에 초점을 둔 교육 인력을 구성하기 위해 필요한 교육 활동과 경험의 유형들을 제공한다.

오늘날 사회정의 교육은 과거보다 훨씬 더 필요하다. 가난하고, 유색인이며, 전쟁으로 피폐해진 나라에서 최근에 이주한 많은 학생들을 주변화시키면서도 책무성 있는 정책과 높은 기준인 양 가장하는 교육정책들을 만나고 있기 때문이다. 학교의 유일한 목적을 미국이 세계 시장 경쟁에서 선두가 되도록 하는 것으로 정의하는 낙오학생 방지법(No child left behind)과 최고를 향한 경쟁(Race to the Top)같은 정책은 매혹적이며, 자본주의에 기반을 둔 경쟁언어를 사용한다. 이 정책들은 학교의 목적이 사회정의 기반의 민주적 이상을 유지하고 촉진하는 수단이라는 것을 무시하였다. 대신에 그들은

권력과 불평등의 문제를 다루지 않고 선택과 자유라는 민주주의적 미사여구를 도용한다. 이러한 담론에서는 자원, 부, 권력에 대한 접근권이 어떤 집단에게는 좀 더 넓지만 어떤 집단에게는 그렇지 않다는 점에 거의 주목하지 않는다(Leistyna, 1999, p. viii).

애플(Apple, 2012)은 이런 정책들이 지배집단의 사회경제적·정치적 권력을 유지하고 보존하기 위해 의도적으로 정교화되고 대중에게 홍보된

다는 점을 상기시켰다. 사회정의 교육자들의 내러티브는 '사회정의 교육을 통한 인간됨의 발달'이라는 교육의 목적에 길을 제공한다. 모든 것을 기준에 맞추기 위해 급급한 환경에서 사회정의 교육자들의 생애사를 밝히는 것은 필요하다. "월요일에 무엇을 하지?"라는 질문에 대해 답하는 것은 "교사에게 중요한 대답"이다(Apple, 2012). 내러티브는 현직교사, 예비교사 그리고 교사교육자들에게 이러한 질문에 대한 실용적인 답변을 제공한다(p. 17). 교사들은 학생들의 삶과 그들을 둘러싼 세계에서 특권과 불이익의 이슈에 대해 성찰하도록 하기 위해 내러티브를 사용할 수 있다.

사회정의 교육자들의 내러티브는 단지 하나의 경험이 사회정의 교육자가 되도록 만들지 않았다는 것을 밝혀주었으며, 인간 존재가 복합적이라는 것을 보여주었다. 간단히 말하면 경험 때문에 사회정의 교육자가 되었다는 것 또한 충분하지 않다. 인간 존재의 복잡성으로 인해 이야기에서는 사회정의 교육에 몰두하는 이유에 대해 부분적으로만 설명할 수 있음을 인정하는 것이 필요하다. 즉, 사회에는 사회정의 교육자들과 유사한 경험을 하지만 사회정의 교육을 선택하지 않은 사람들도 있을 수 있다는 점에서 부분적이다. 예를 들어, 포한은 로스엔젤레스의 빈곤지역에서 교육하면서 사회적 불평등이 존재한다는 것을 인식했고, 그것이 그녀를 사회정의 교육으로 나아가도록 하였다. 그러나 빈곤지역에서 교육하지만 사회정의 교육을 위해 움직이지 않는 수백 아니 수천 명의 교사들이 있다. 포한이 그 교사들보다 더 훌륭한 사람인가? 포한은 훌륭한 사람이다. 그러나 그녀는 성자가 아니며, 빈곤지역에서 가르쳤지만 사회정의 교육을 위해 움직이지 않는 교사들보다 "더 훌륭한" 것도 아니다. 사회정의 교육자와 유사한 경험을 공유하지만 사회정의 작업에 참여하지 않는 사람들이 있다는 것은 반드시 사회정의 교육자들이 뛰어난 천사의 소양을 가졌다거나 특별한 사람이라는 것을 의미하지 않는다. 대신에 사회정의 교육자들의 정체성은 복잡하고, 사회정의 교육자로서의 정체성은 계속 형성되고 의식적으로 '되어가는 여정'이라고 해석할 수 있다(Bloom, 1998, p. 65). 다시 말해서 사회정의 교육에 참여하는 것은 의도적이고 의식적이다. 이 책은 사회정의 교육자를 위한 교육이 우리에게 의도적인 결정을 요구한다는 것을 보여준다. 사회정의를 위한 교육은 부지불식간에 일어나는 사건이 아니다. 포한과 빈곤지역 학교 교사와의 차이는, 그녀가 경제적 불평등으로 인한 불공정에 대해 의식을 고양시켰던 개인적 전문적 경험을 했고, 사회적 부당성에 대항하기 위해 사회정의 교육에 참여하기로 결정을 내렸다는 것이다. 교사가 사회정의 교육에 참여하지 않는다면 그들은 또한 사회적 부당함을 자연스럽게 받아들이기로 의도적으로 선택한 것이다. 빌라버드(Villaverde, 2008)는 우리에게 "행동하지 않는 것 역시 행동이다"라고 상기시킨다(p. 117).

사회정의 교육자들의 내러티브는 우리에게 지금까지 알지 못하는 사이에 현상 유지를 지지해 온 교사나 교육자도 변화하여 사회정의 교육을 향해 나아갈 수 있다는 희망을 보여준다. 『민주주의와 교육(*Democray and Education*)』에서 듀이(1916)는 "자기(self)는 완성된 것이 아니다. 행동을 선택함으로써 계속적으로 되어가는 것이다."(p. 408)라고 기술하였다. 사회정의 교육자들의 내러티브는 그들이 대중과 크게 다르지 않음을 보여주었다. 그들은 많은 사람들이 그러하듯이 자기 자신과 사회에서 주변화된 집단에 대한 고정관념을 가지고 있었다. 그러나 많은 사람들과 달리 그들의 신념과 가치체계에 직면하려는 의식적인 선택을 했고, 스스로 사회적 불평등에 대해 당혹스러워하며 분노하였다. 게다가 그들은 분노에서 멈추지 않고 이러한 불평등에 맞서는 행동을 하였다.

사회정의 교육자들의 내러티브는 자기를 돌보는 것과 타인을 돌보는 것이 사회정의 교육자가 되는 데 있어 중요한 요인들임을 밝혀준다. 어떤 사회정의 교육자들은 주변화된 자신의 정체성을 보살폈고, 다른 사람들의 주변화된 정체성을 돌보기 위해 공감적 돌봄을 사용하였다. 이러한 돌봄은 조건적인 돌봄인 타인의 주변화된 정체성을 돌보는 것에서 시작하였다. 예를 들어, 베일리는 집에서 성차별주의를 경험했고, 자신의 정체성을 돌보았기 때문에 소녀들의 치유에 관심을 가질 수 있었다. 누군가의 정체성 일부를 위해 활동하고 옹호할 때, 그것을 조건부 옹호라고 부른다(Villaverde, 2008). 사회정의를 위한 조건부 옹호는 베일리가 다른 여성들을 위해 조건부 옹호를 확장한 것처럼 동일한 정체성 표식을 공유하는 다른 사람들에게 확장될 수 있다. 그녀는 자신이 당했던 방식으로 다른 사람이 다치는 것을 막기 위해 사회정의 교육자가 되었다고 주장하였다. 그러나 사회정의 교육자들은 모든 유형의 억압과 지배가 지닌 복잡성을 더 깊이 이해하기 위해 조건부 옹호 이상으로 나아갔다. 그래서 일부 사회정의 교육자들의 조건부 돌봄은 다양한 정체성 표현에서 종속을 경험했던 모든 사람들을 위한 돌봄으로 확장하는 발판이 되어주었다.

확장된 돌봄은 "타인을 위한 인내심, 끈기, 촉진, 타당화와 역량강화로 특징지어진다. 사람을 돌보지 않는 것은 조급함, 무관용, 지시, 그리고 통제로 특징지어진다."(Gay, 2000, p. 47). 사회정의 교육자들의 내러티브에 드러나 있듯이 타인을 돌보는 것은 "단순히 자기개념을 강화하거나 사람들이 일하고 상호작용하는 것을 즐기는 기분 좋은 환경을 만드는 것이 아니다. 돌봄의 윤리는 다른 사람을 도덕적으로 대하는 것에 초점을 두는 행동과 활동을 말한다"(Sernak, 1998, p. 147). 세르낙(1998)은 남을 도덕적으로 대하는 것은 모든 개인 특히 비도덕적으로 대접받을 만큼 취약한 위치에 있는 사람들의 정서적, 신체적, 영적, 그리고 심리적 욕구에 반응하는 것을 포함한다고 주장하였다. 확장된 돌봄의 개념에는 타인에 대한 관심을 함의하는 연대감의 개념이 포함되어 있다.

심리정서적 안녕감과 학업적 성공; 개인적 도덕성과 사회적 활동; 책임부여와 치하하기; 연대감과 개성; 독특한 문화적 유대와 보편적 인간적 유대. 즉, 학생을 진정으로 돌보고 그들의 인간성을 존중하는 교사는 그들에게 높은 자존감을 심어주며, 학생들에게 높은 성취를 기대하고, 학생들의 기대를 충족시키기 위한 전략을 사용한다. 그런 교사들은 또한 학생들에게 학업적, 사회적, 인간적, 도덕적인 행동과 가치의 모범을 보여준다(Gay, 2000. pp. 45-46).

이런 점에서 연대감은 "나는 우리이기 때문에 존재한다. 우리는 내가 있어 존재한다."라는 개념에 전제되어 있는 우분투 족의 아프리카 철학을 생각나게 한다. 연대감은 사회정의 교육과 일치한다. (a) 그것이 어떤 사람에게는 특권을, 다른 사람에게는 종속을 주는 것에 저항하고(Ayers et al., 1998); (b) 사람들 간의 상호관계와 상호의존성을 인정하며(Freire, 1970), (c) 억압적 구조와 관행의 변화를 요청하고(Gay, 2000; Hooks, 1994; Kanpol, 1994; McLaren, 1995), (d) "사람들이 민주주의의 작업들을 확장할 수 있도록 참여방법을 심사숙고하고 구성할 수 있는 사회적 시나리오"를 상상하기 때문이다(Torres, 1990, p,109).

사회정의 교육자들의 내러티브는 어느 정도 조건부 옹호에서 시작된 확장된 돌봄의 표시이다. 예를 들어 니에토는 부모가 학교에 왔을 때 이국적인 말투 때문에 수치스러웠고 당황스러웠다고 보고하였다. 그녀는 학교에서 자신이 인종적으로 이방인처럼 느껴졌고, 이것이 사회정의 교육자가 되는 데 기여하였다. 니에토는 자신이 부모의 이국적 말투에 대해 느꼈던 것과 백인이 다수인 학교에서 이방인이라고 느꼈던 것처럼 학생들이 언어적·인종적 차이로 인해 수치심을 느끼지 않도록 하기 위해서 사회정의 교육에 끌리게 되었다. 그러나 그녀의 돌봄은 거기서 끝나지 않았고, 다른 형태의 종속에 대한 돌봄으로 일반화되었다.

자본주의 아젠다를 가진 교육의 목적과 연결되는 강력하고 그럴듯한 미사여구로 둘러싸인 곳에서, 확장된 돌봄은 사회정의 교육자들이 사회정의 교육에 헌신하겠다는 확고한 입장을 유지해야만 존재할 수 있다. 포한은 "체계 안에서 부당함을 발견했을 때, 누군가를 위한 더 좋은 세상을 만들기 위해 최선의 방법으로 그것에 도전하는 것이 내 책임처럼 느껴졌다." 라고 보고하였다. 마찬가지로 쿠마시로도 그를 닮은 청소년들이 그가 겪었던 내면화된 증오를 경험하지 않도록 하기 위해 사회정의 교육에 참여하였음을 언급하였다. 그는 인종과 성적 취향의 이면에 존재하는 억압과 지배의 패턴을 보았고, 그래서 사회정의 교육에 대한 그의 헌신을 확고하게 유지하기 위해 확장된 돌봄을 보여주었다. 젊은이들이 도덕적으로 대우받게 하려는 욕구는 그가 다른 사람들을 대우하는 것에 신경을 썼다는 것을 보여주었다. 비슷하게 오오카 팡에게 인종차별을 했던 많은 사람들에게 의도적인 악의는 없었다는 그녀의 주장 및 편견에 의문을 제기하지 않는 것의 위험성에 대해 사람들을 교육시키려는 그녀의 헌신은 확장된 돌봄을 기반으로 한다. 그녀는 도덕적으로 대우받고 싶었고, 그래서 모든 억압받는 사람들을 도덕적으로 대우할 필요성을 사람들에게 알리는 데 헌신한 것이다.

다니엘 타텀의 책 『왜 구내식당에서 모든 흑인 아이들은 함께 앉아 있는가?』는 우리 사회의 인종차별주의와 싸우는 방법을 찾기 위해 대화에 참여하라고 초대하며, 인종차별의 희생자뿐 아니라 인종차별의 가해자를 위한 확장된 돌봄을 보여준다. 코펠만은 "우리가 서로 떳떳하고 사려 깊게 대하고 행동한다면, 이 세상을 살아가면서 해낼 수 있는 것이 있다는 생각"이 그가 사회정의 교육에 참여하도록 만들었다고 보고하였다. 그는 젠더 제약이 불러일으킬 수 있는 고통에 대하여 말하기 위해 고등학교를 방문하였다. 자신의 자녀가 경험한 고통을 다른 아동들이 경험하지 않도록 보호하고 싶었기 때문이다. 그는 사회에서 주변화된 다른 집단을 위해 돌봄을 확장할 수 있었다. 확장된 돌봄은 사회정의 교육자들이 입장을 확고히 하는 이유이다.

안드르제쥬스키의 내러티브 또한 확장된 돌봄의 개념에 부합한다. 그녀는 사회정의 교육자가 된 이유 중 하나가 자신이 겪었던 '잘못된 교육'의 과정을 겪지 않도록 어릴 때부터 대안적인 렌즈들에 학생들을 노출시키기 위해서라고 하였다. "나는 스스로를 재교육해야 했어요. 나는 내가 받았던 교육에 너무 화가 나서, 학생들에게 이런 다양한 이슈들에 대하여 교육할 것을 맹세했어요." 그녀는 어떤 방식으로든 학생들이 정보에 무지한 상태로 있게 하고 싶지 않았기 때문에 사회정의 교육자가 되었다. 확장된 돌봄은 안드르제쥬스키가 사회정의 교육에 대한 확고한 입장을 유지하게 하였으며, 학생들이 다양한 관점들을 접하면서 도덕적으로 대우받도록 촉구하였다.

확장된 돌봄은 또한 사회정의 교육의 귀감이 된다. 많은 사회정의 교육자들은 확장된 돌봄이 교실에서 교사와 전문가에 의해, 그리고 어떤 경우에는 집에서 부모에 의해 모델링되는 것을 목격하였다. 교사나 가족구성원이 확장된 돌봄을 수행하는 것을 보면서 사회정의 교육자들은 그것을 어떻게 행하고 그것의 효과는 무엇인지 알 수 있는 기회를 가졌다. 그리고 가족구성원이 그들의 정체성 또는 비판의식이 발달하도록 지지하며 관심을 보여주었을 때, 사회정의 교육자들은 사회정의 교육자가 되는 것의 중요한 요소인 모델링을 배웠다. 그렇다면 돌봄이 사회정의 교육에 참여하는 원인인가? 돌봄과 사회정의 사이에 인과관계가 있다고 말하는 것은 섣부른 것 같다. 그렇지만 돌봄은 사회정의 교육자들이 사회정의 교육자가 되는 데 중요한 역할을 하였다.

1 교사교육을 위한 교훈

오오카 팡(2000)은 예비교사나 현직교사의 학습에서 일부가 되어야만 하는 돌봄이 교사교육 프로그램에서 다뤄지지 않는다고 주장하였다. 교사교육 프로그램은 확장된 돌봄의 개념을 교육의 인간화 및 예비교사와 현직교사가 다른 사람들과의 관련성을 인식하도록 하는 데 사용할 수 있다. 예를 들어 지배와 억압의 이슈를 토론할 때, 교사교육자는 한 가지 형태의 억압을 허용하는 것이 대개 다른 형태의 억압도 존재하도록 만드는 것임을 강조하면서 억압받는 집단들의 유사점을 묘사할 수 있다(Lorde, 1996). 즉, 그들은 조건부 돌봄을 활용할 수 있고, 억압과 지배 그리고 타인과의 관련성에 대한 일반적인 이슈들을 지적할 수 있다. 마틴 니뮐러 목사(Pastor Martin Niemöller)의 유명한 연설은 사람들의 상호 관련성에 대하여 다음과 같이 언급하였다.

> 독일에서 나치가 처음에 동성애자들에게 왔을 때, 나는 동성애자가 아니었기 때문에 목소리를 내지 않았다. 그 다음 그들이 공산주의자들에게 왔을 때, 나는 공산주의자가 아니었기 때문에 목소리를 내지 않았다. 그 다음 그들이 유태인에게 왔을 때 나는 유태인이 아니었기 때문에 목소리를 내지 않았다. 그 다음 그들이 노동조합원에게 왔을 때 나는 노동조합원이 아니었기 때문에 목소리를 내지 않았다. 그 다음 그들이 가톨릭 신자에게 왔을 때 나는 개신교도였기 때문에 목소리를 내지 않았다. 그 다음에 그들은 나에게 왔다. 그때는 나를 위해 목소리를 내 줄 사람이 아무도 없었다(United States Holocaust Memorial Museum, 2012).

니뮐러 목사는 나치가 공산주의자, 동성애자, 유태인, 노동조합원, 가톨릭 신자에게 왔을 때는 돌보지 않았다. 그들과 자신의 관련성을 알지 못했기 때문이었다. 미국은 결코 나치 독일과 유사하지 않지만, 니뮐러의 연설은 만일 우리가 확장된 돌봄의 태도를 지니지 않으면 우리가 '타인'에 대한 지배와 억압이 발생하도록 허락하는 것과 같다는 것을 보여준다. 예를 들어, 기소되지도 않았는데 미국정부에 의해 감금된 채 공정한 재판을 받지 못하는 무슬림 투옥자의 상황에 대해 왜 분노하지 않는가? 왜 우리는 하나의 국가로서 이토록 중대한 인권침해에 눈멀어 있는가? 그것이 무슬림이 아닌 우리에게 영향을 미치지 않기 때문인가? 예비교사와 현직교사는 사람들과 그들의 관련성, 자신의 다차원적 정체성을 밝히는 이슈들에 노출되어야 한다. 그러나 거기서 끝나서는 안 된다. "행동을 끌어내는 것"(Gay, 2000, p. 45)으로 돌봄의 개념 또한 강조되어야 한다. 예를 들어, 니뮐러 목사가 동료 인간으로서 동성애자들을 돌봤다면, 그들의 소멸을 방지하기 위해 행동한 것일 수 있다. 그가 유태인들을 돌봤다면 그들의 멸망을 방지하기 위한 행동을 취했을 것이다. 그러므로 예비교사와 현직교사가 전환 교육에 참여하기를 기대한다면, 교사교육 프로그램은 확장된 돌봄을 "행동을 끌어내는 것"으로 강조해야 한다.

돌봄은 지배적 위치에 있는 사람들이 비지배적 위치에 있는 사람들과 연합할 것을 요구한다. 그들이 개인적으로 영향을 받지 않는 사안이라 할지라도 억압적 정책과 관행에 맞설 것을 요구한다. 그러나 비지배적 위치에 있는 사람들을 위해 억압적 구조와 싸우는 데에는 위험요소가 있으며 연합하는 사람들에게도 위험이 따른다. 연합에 따르는 위험은 억압된 구조를 유지하는 데 속하는 사람들뿐 아니라 연합하여 함께하는 사람들로부터도 온다. 연합하는 것이 항상 선의로 받아들여지지는 않으며, 심지어는 표리부동하다고 평가받을 수도 있음을 아는 것이 중요하다. 이것이 연합을 그만두게 할 수도 있다.

더 나아가 교사교육 프로그램은 확장된 돌봄이 영성에 근거하고 있다는 것을 인정해야 한다. 사회정의 교육에 대한 문헌은 대부분 영성을 간과하였고, 이것은 대부분의 제도화된 서구 종교들이 성차별적, 계층차별적, 인종차별적 그리고 동성애혐오적이기 때문이다(Hooks, 2000). 그러나 데스몬드 투투(Desmond Tutu), 마틴 루터 킹 주니어(Martin Luther King Jr.), 알 하지 말릭 엘 샤바즈(Al-Haji Malik El-Shabazz)[27] 등은 우리에게 영성은 종교적이든 비종교적이든 사회정의 교육을 위해 반드시 필요한 확장된 돌봄의 기초를 제공할 수 있음을 보여주었다. 훅스(2000)는 "일체의 지배와 억압으로부터의 해방을 확인하는 것은 본질적으로 영성 탐구와 유사하여 우리를 정의와 해방을 위해 투쟁하는 영성으로 돌아가게 해 준다."고 하였다(p. 109). 일부 사회정의 교육자들의 내러티브에서 영성은 돌봄의 뿌리이자 사회정의 교육자가 되도록 기여한 주요 요소였다.

대부분의 사회정의 문헌들이 종교와 공교육의 분리조약을 존중하고 고수해야 하는 공립학교 교사들을 위한 것이라는 점은 대부분의 사회정의 교육 문헌들이 영성과 종교로부터 멀어진 이유를 설명해 준다. 종교와 공교육의 분리는 필수적이다. 그러나 교사교육 프로그램이 종교를 포함함으로써 영성을 예비교사와 현직 교사의 정체성의 한 요소로 받아들이고, 사회정의 교육을 하도록 설득하기 위해 영성을 사용하는 것 또한 중요하다. 다음과 같은 질문이 있다. 교육자들이 어떻게 교실에서 종교를 포함하여 영성을 가르치지 않으면서 예비교사와 현직교사의 종교적 정체성을 인정하겠는가? 계속 예비교사와 현직교사의 영성과 종교가 중요하지 않으며 교실과 관련이 없는 척할 것인가? 비판이론가들은 개인 정체성의 모든 부분들은 교실과 관련이 있고, 그렇기 때문에 검토할 만한 가치가 있다고 주

....

27　미국의 흑인 인권 운동가 맬컴 엑스(Malcolm X)가 이슬람 수니파로 귀의한 후 얻은 이름.

장하였다(Giroux, 1988; Hooks, 1989). 물론 수수께끼는 어떻게 종교를 중심에 두지 않은 채 영성과 종교의 이슈를 토론하는가이다. 답하기 쉽지 않은 문제이다. 그러나 확장된 돌봄에 대한 생각은 많은 종교와 영적인 사람들에게는 중요한 주제이며, 예비교사와 현직교사가 가르치는 것을 토의하기 위해 사용될 수 있다.

> (교육이란) 정치적·전환적 작업이며, 우리가 하는 일의 함의를 이해하게 될 때 전반적인 사회적·정치적·문화적 힘 그리고 우리의 행동, 신념, 정체성을 변화시키려는 의지와 관련된 수단이 된다(Martusewicz, 2001, p. 20).

다시 말해서, 많은 종교와 영성에서 중요한 주제인 돌봄은 수업에서 사회정치적 이슈들과 그것의 관련성을 이해하고 해석하기 위해 사용될 수 있다. 그렇게 함으로써 예비교사와 현직교사는 교실에서 사회정의 교육 작업을 할 수 있는 지성인이며 권한을 부여받은 주체로 자리 잡을 수 있게 된다.

2 사회정의 교육으로의 초대

이 책에서는 대부분의 예비교사들과 마찬가지로 사회정의 교육자들도 많은 이슈들에 대하여 항상 비판적으로 이해하지는 않았음을 보여준다. 많은 사회정의 교육자들도 예비교사와 현직교사들이 지닌 것으로 알려진 것과 동일한 고정관념들을 가지고 있었다. 그렇지만 그들의 관점의 유동성과 주관성은 비판적 의식이 발달하도록 해 주었다. 교사교육 프로그램을 위한 중요한 교훈은 그들이 예비교사와 현직교사를 "가능성 있는" 존재로 본다는 것이다(Swander & Lubeck, 1995). 즉, 비록 역사적으로 주변화된(histor-ically marginalized) 집단 구성원들에 대한 고정관념을 오랫동안 가졌을지라도 예비교사와 현직교사는 사회정의 교육자가 되기 위한 잠재력을 가지고 있다. 어떤 의미에서 사회정의 교육자들의 내러티브는 교사교육자들에게 희망을 줄 뿐아니라, 예비교사와 현직교사들이 사회정의 교사가 되도록 촉구하는 의식화를 유도하기 위해 비판 교육에 참여하라고 요청한다. 예비교사와 현직교사의 다면적 정체성과 주관성은 교사교육 프로그램에서 명시적으로 탐색되어야 한다. 예비교사들이 억압의 대상이자 주체로서 자신의 정체성을 탐색하도록 격려해야 한다(Adams et al., 2007). 정체성에 근거하여 자신이 어떻게 일부 집단을 주변화하고 일부집단에게 특권을 부여하고 있는지 탐색하도록 격려해야 한다. 그람시(Gramsci, 1971)는 간결하게 말했다. "실제로 무엇인가에 대한 의식은 지금까지 당신 안에 저장된 모든 무한한 흔적들에 대한 역사적 과정의 산물로서의 '너 자신을 아는' 것이다"(p. 324). 예비교사가 주관적으로 자신이 억압의 주체이자 대상 모두 될 수 있음을 깨달으면, 그들은 사회정의 교육에서의 주요 주제인 지배와 억압의 이슈가 갖는 복잡성을 이해하기 시작할 것이다.

교육자는 게이(Gay, 2000)가 '지하철의 역장'이라고 명명했던 역할로 봉사해야 한다. 즉, 그들은 방향성을 제공하고 확신을 주며 지지해야 한다. 교육자는 예비교사와 현직교사가 노출된 적이 없었던 교재나 사람들을 경험하게 해야 하며, 사회정의 교육을 지향하는 방향과 지침을 제공해야 한다.

사회정의 교육자들은 주변화를 경험한 동료들로부터 사회정의를 배웠다. 그로 인해 인종, 성적 지향, 젠더와 사회계층이 다른 다양한 사람에게 노출된 경험이 없는 예비교사의 지평을 넓힐 수 있었다. 교실 내 구성원의 다양성은 다른 사람의 삶을 볼 수 있는 창이 되어줄 수 있으며, 그럼으로써 예비교사와 현직교사가 사회정의 교육자로 더 가까이 다가갈 수 있다. 다양한 교육과정 또한 예비교사의 의식을 높여주고 그들이 전환 교사(Giroux, 1988)가 되도록 만들었다.

사회정의 교육자들의 내러티브가 보여주듯이 사회정의 교육자는 사회정의 활동가로 태어나지는 않았다. 그들 모두 인종차별, 성차별, 이성애우월주의와 계층차별이 있는 사회에서 자라났고, 계속 확고한 입장을 유지하면서 사회적인 부당함과 주도권 다툼의 강한 물살을 거스르며 싸우고 있다. 내러티브는 사회정의 교육자들이 세상은 억압과 지배로부터 자유로울 수 있다는 확고한 신념을 유지하고 있음을 알려준다. 또한 우리에게 기관은 억압을 영속시킬 수도 있지만, 억압을 끝내기 위해 노력하는 개인들로 구성되어 있다는 것을 말해준다. 우리가 교육자로서 사회정의를 위해 확고한 입장을 유지하겠다는 의식적이고 계획적인 선택을 할 수 있다는 것도 알려준다. 사회정의 교육자가 되는 것이 반드시 "이즘"으로부터 자유롭다거나 완성된 존재라는 것을 의미하지는 않는다. 사회정의 교육자는 형성되고 발달되는 과정에 있음을 의미하며 이는 계속되는 과정이다. 그 누구도 '도달했다'거나 모든 억압적 가치, 신념, 그리고 행동에서 자유로운 상태에 있다고 말할 수는 없다. 사회정의 교육자가 되는 것은 더 나은 세상, 억압과 지배로부터 자유로운 세상을 끊임없이 다시 새롭게 상상하는 것을 의미한다.

Adams, M., Bell, L.A., & Griffin, P. (Eds.). (2007). *Teaching for diversity and social justice*. New York: Routledge.

Apple, M.W. (2012). *Education and power.* New York, NY: Routledge .

Ayers, W., Quinn, T., & Hunt, J.A. (Eds.). (1998). *Teaching for social justice: A democracy and education reader.* New York: The New Press.

Bloom, L.R. (1998). *Under the sign of hope: Feminist methodology and narrative interpretation*. Albany, NY: State University of New York Press.

Dewey, J.P. (1916). *Democracy and education: An introduction to the philosophy of education*. New York: The MacMillian Company.

Freire, P. (1970). *Pedagogy of the oppressed*. New York: Continuum.

Gay, G. (2000). *Culturally responsive teaching: Theory, research, and practice*. New York, NY: Teachers College Press.

Giroux, H.A. (1988). *Teachers as intellectuals: Toward a critical pedagogy of learning*. Westport, CT: Bergin & Garvey Publishers Inc.

Gramsci, A. (1971). *Selections from the prison notebooks*. New York: International Publishers.

Hooks, B. (1989). *Talking back: Thinking feminist, thinking black*. Toronto, ON: Between the Lines.

Hooks, B. (1994). *Teaching to transgress: Education as the practice of freedom*. NY: Routledge.

Hooks, B. (2000). *Feminism is for everybody: Passionate politics*. London, UK: Pluto Press.

Kanpol, B. (1994). *Critical pedagogy: An introduction*. Westport, CT: Bergin & Garvey.

Leistyana, P. (1999). *Presence of mind: Education and the politics of deception*. Boulder, CO: Westview Press.

Lorde, A. (1996). *The Audre Lorde compendium: Essays, speeches, and journals*. London: Pandora List.

저자소개

셜리 음데드와-소머즈(Shirley Mthethwa-Sommers)
볼링 그린 스테이트 대학교 교육학석사(교육과정 및 지도)
톨레도 대학교 철학박사(이론적·사회적 교육 기반)
나사렛 대학 교육학과 부교수

역자소개

임은미
이화여자대학교 교육심리학과 학사
서울대학교 교육학과 석사, 박사
전북대학교 교육학과 교수

김지영
전북대학교 신문방송학과 학사, 석사
전북대학교 교육학과 석사, 박사
전북대학교 시간강사

강혜정
서울대학교 간호학과 학사
전북대학교 교육학과 석사, 박사
전북대학교 시간강사